Energías renovables y usos industriales. ENAE019PO

José Luis Sánchez Jiménez

ic editorial

Energías renovables y usos industriales. ENAE019PO
© José Luis Sánchez Jiménez

1ª Edición

© IC Editorial, 2025

Editado por: IC Editorial
c/ Cueva de Viera, 2, Local 3
Centro Negocios CADI
29200 Antequera (Málaga)
Teléfono: 952 70 60 04
Fax: 952 84 55 03
Correo electrónico: iceditorial@iceditorial.com
Internet: www.iceditorial.com

ISBN: 979-13-7027-047-6
Depósito Legal: MA 1476-2025

Impresión: PODiPrint
Impreso en Andalucía – España

Nota de la editorial: IC Editorial pertenece a Innovación y Cualificación S. L.

Especialidad formativa

Se entiende por especialidad formativa la agrupación de contenidos, competencias profesionales y especificaciones técnicas que responde a un conjunto de actividades de trabajo enmarcadas en una fase del proceso de producción y con funciones afines.

Las especialidades formativas de Uso General, Formación Complementaria, Formación Modular y las especialidades formativas dirigidas a la obtención de certificados de profesionalidad se incluyen en el Fichero de Especialidades del Servicio Público de Empleo Estatal para su gestión en todo el territorio nacional por cualquier Administración competente.

Las especialidades complementarias, pertenecen todas a la Familia profesional de Formación Complementaria (FCO) y tienen la consideración de formación transversal en áreas que se consideran prioritarias tanto en el marco de la Estrategia Europea para el Empleo y del Sistema Nacional de Empleo como en las directrices establecidas por la Unión Europea. Se consideran áreas prioritarias las relativas a tecnologías de la información y la comunicación, la prevención de riesgos laborales, la sensibilización en medio ambiente, la promoción de la igualdad, la orientación profesional y aquellas otras que se establezcan por la Administración competente.

Las especialidades de Certificado de profesionalidad tienen una duración especificada en su normativa reguladora.

En el resultado de la búsqueda, se muestran las unidades de competencia, todos los módulos formativos con su duración y las unidades formativas del certificado correspondiente, con su duración. Las horas del certificado, exclusivo de las especialidades de certificado de profesionalidad, con alta igual o superior a 2008, son las horas totales más las horas del módulo de Prácticas Profesionales no Laborales.

- **Si la especialidad tiene unidades formativas,** las horas totales, presencial, distancia, teleformación serán igual a la suma de esas horas de las unidades formativas de los distintos módulos, sin que se repita ninguna Unidad formativa.

➲ **Si la especialidad no tiene unidades formativas,** las horas totales, presencial, distancia, teleformación serán igual a las sumas de esas horas de los módulos formativos, eliminando las horas de los módulos repetidos.

https://sede.sepe.gob.es/especialidadesformativas/RXBuscadorEFRED/BusquedaEspecialidades.do

(Fuente: Servicio Público de Empleo Estatal)

Índice

OBJETIVOS GENERALES

Los objetivos general del **ENAE019PO. Energías renovables y usos industriales,** son:

- ⮑ Aumentar el conocimiento sobre las energías renovables y sobre qué procesos industriales son aconsejables utilizar, a fin de ahorrar energía, disponer de independencia energética, y mitigar las emisiones de gases de efecto invernadero responsables del cambio climático.
- ⮑ Comprender la importancia de las energías renovables en la transición energética.
- ⮑ Conocer la utilidad de la energía solar térmica y termoeléctrica como alternativas sostenibles.
- ⮑ Analizar los fundamentos de la energía solar fotovoltaica.
- ⮑ Conocer el papel de la energía eólica dentro del contexto de las energías renovables.
- ⮑ Analizar los principios de la energía hidráulica.
- ⮑ Conocer la biomasa como fuente de energía renovable, así como la generación de empleo en el sector de las renovables.

Medioambiente y energía

Contenido

Objetivos

El objetivo general de esta Unidad de Aprendizaje es:

→ Comprender la importancia de las energías renovables en la transición energética.

Los objetivos específicos de esta Unidad de Aprendizaje son:

→ Conocer la transición ecológica sostenible hacia las energías renovables.

→ Analizar las características generales de las energías renovables.

→ Reconocer e identificar las diferentes fuentes de energía renovable y no renovable.

1. Introducción

El mundo enfrenta el desafío de satisfacer la creciente demanda energética de manera sostenible, protegiendo el medioambiente. Las energías renovables emergen como soluciones clave para frenar el cambio climático, reducir contaminantes y asegurar un futuro sostenible. A lo largo de la historia, la dependencia de combustibles fósiles como el carbón, el petróleo y el gas natural ha impulsado el desarrollo, pero también ha causado graves daños ambientales.

Las energías renovables, como el sol, el viento, el agua y la biomasa, son prácticamente inagotables y tienen un impacto ambiental mucho menor que los combustibles fósiles. Además, ofrecen oportunidades para descentralizar la producción de energía, lograr independencia energética y fomentar el desarrollo económico en áreas desatendidas.

Aunque las energías renovables enfrentan retos como la intermitencia de la producción y los altos costes iniciales, la innovación tecnológica y el apoyo político están promoviendo su integración. Comprender las diferencias entre energías renovables y no renovables es crucial para abordar los problemas energéticos y ambientales actuales. La implementación exitosa de energías renovables dependerá de integrar este conocimiento en políticas y prácticas cotidianas.

Este estudio de las energías renovables no solo es técnico, sino también ético y social, ya que implica replantear nuestra relación con el medioambiente y asumir nuestra responsabilidad colectiva en la protección del planeta.

En esta unidad nos centraremos en el caso de Macarena, que ha formado un grupo de investigación integrado por estudiantes de máster y doctorado en ingeniería ambiental y energías renovables. El grupo se denomina Energía Viva y debe presentar en el proyecto europeo RENEWEU *(RENEWables for a sustainable Europe)* un informe sobre medioambiente en el cual evaluará el papel de las fuentes de energía.

2. Energías renovables, medioambiente y energía

☞ HILO CONDUCTOR

Macarena, como responsable de Energía Viva, indica a sus compañeros que antes de comenzar a realizar el informe, hay que realizar una búsqueda del estado del arte sobre medioambiente y las fuentes de energía disponibles actualmente.

Durante el último siglo, el desarrollo económico y tecnológico de la humanidad ha estado fuertemente vinculado al uso intensivo de fuentes de energía no renovables, como el petróleo, el gas natural y el carbón. Estas fuentes han sido pilares fundamentales para diferentes **aspectos:**

- ⮱ **Industrialización.** Ha sido uno de los principales motores del consumo energético desde el siglo XIX. Las industrias requieren grandes cantidades de energía para alimentar maquinaria, procesos de manufactura, producción de bienes y transformación de materiales. El uso masivo de combustibles fósiles permitió el desarrollo de sectores como la siderurgia, la automoción, la química o la construcción. Este crecimiento industrial contribuyó al aumento del empleo, del PIB y del comercio internacional, pero también provocó una elevada emisión de gases contaminantes y una fuerte presión sobre los recursos naturales.
- ⮱ **Expansión humana.** El modelo energético basado en combustibles fósiles ha facilitado la urbanización a gran escala, permitiendo la construcción de infraestructuras, edificios, redes de transporte y servicios públicos en zonas cada vez más extensas. Las ciudades se han convertido en grandes centros de consumo energético. Sin embargo, esta expansión urbana también ha tenido efectos negativos, como la fragmentación del territorio, la pérdida de espacios naturales, el aumento del tráfico motorizado y la contaminación del aire en áreas densamente pobladas.
- ⮱ **Transporte.** Es uno de los sectores más dependientes de los combustibles fósiles. La movilidad terrestre, aérea y marítima se ha expandido exponencialmente con el acceso a energías abundantes y baratas, lo que ha permitido la globalización del comercio, el turismo y el desplazamiento de personas. No obstante, este crecimiento ha conllevado una gran huella ambiental: emisiones de CO_2, ruido, congestión vial y deterioro de infraestructuras. El transporte es actualmente uno de los principales contribuyentes al cambio climático y a la contaminación atmosférica urbana.

⮕ **Calidad de vida.** El acceso a energía ha sido clave para mejorar la calidad de vida en muchas regiones del mundo. Ha permitido disponer de iluminación, calefacción, refrigeración, agua potable, electrodomésticos, atención médica, educación y comunicaciones. Las fuentes fósiles han hecho posible este desarrollo, pero a costa de una creciente degradación ambiental. Además, el modelo actual no ha logrado garantizar un acceso equitativo: aún existen millones de personas sin acceso a servicios energéticos básicos, lo que refleja una profunda desigualdad global en la distribución de los beneficios del desarrollo energético.

NOTA

El modelo energético que empleaba energías no renovables ha tenido un impacto ambiental considerable, generando una crisis ecológica global que pone en riesgo los equilibrios naturales del planeta.

- -

Este modelo energético ha derivado en diversos **impactos ambientales negativos,** como son:

⮕ **Gases de efecto invernadero:** son compuestos gaseosos que retienen el calor en la atmósfera, provocando el fenómeno conocido como efecto invernadero. Aunque este proceso es natural y necesario para mantener la temperatura del planeta, debido a la actividad humana se ha incrementado de forma alarmante la concentración de estos gases. Estas emisiones están directamente vinculadas a la generación de electricidad, la industria, el transporte y la agricultura intensiva.

⮕ **Contaminación del aire:** la combustión de combustibles fósiles no solo emite CO_2, sino también otros contaminantes como óxidos de nitrógeno (NO), dióxidos de azufre (SO_2), monóxido de carbono (CO) y partículas en suspensión (PM10 y PM2.5). Estos compuestos deterioran la calidad del aire, y afectan directamente a la salud humana.

⮕ **Contaminación del agua:** las actividades relacionadas con la extracción, procesamiento y transporte de combustibles fósiles suelen generar vertidos accidentales o intencionados que contaminan ríos, lagos y acuíferos. El petróleo, por ejemplo, puede provocar daños irreversibles en ecosistemas acuáticos cuando se derrama en el mar. Asimismo, las centrales térmicas utilizan grandes cantidades de agua para refrigeración, y el vertido de agua caliente o contaminada altera la temperatura y la composición química de los ecosistemas acuáticos, afectando a la flora y la fauna locales.

- **Degradación de suelos fértiles:** las infraestructuras asociadas a la producción energética ocupan grandes superficies de terreno que dejan de ser aptas para la agricultura o el uso forestal. Esto impacta negativamente en la seguridad alimentaria y la sostenibilidad de los ecosistemas terrestres.
- **Pérdida de hábitats naturales:** la expansión de las actividades energéticas ha implicado la deforestación, la fragmentación de hábitats y la alteración de corredores ecológicos. La construcción de infraestructuras energéticas invade ecosistemas sensibles como selvas, humedales o zonas montañosas, desplazando especies y reduciendo su capacidad de adaptación.

Los gases de efecto invernadero (GEI) más comunes son el dióxido de carbono (CO_2), el metano (CH_4) y el óxido nitroso (N_2O). Estos son resultado de la quema de combustibles fósiles. Los GEI se acumulan en la atmósfera y provocan el calentamiento global, dando lugar al conocido como **cambio climático,** que **provoca:**

- **Aumento de temperatura media.** Desde la Revolución Industrial, la temperatura media global ha aumentado aproximadamente 1,1 °C, y se proyecta que siga subiendo si no se toman medidas drásticas. Este incremento altera los patrones climáticos en todo el mundo, provocando olas de calor más intensas y frecuentes, cambios en las estaciones y reducción de las precipitaciones en algunas regiones, lo que repercute directamente en la agricultura, los recursos hídricos y la salud pública.
- **Derretimiento de glaciares.** A medida que las temperaturas globales aumentan, grandes masas de hielo en regiones como la Antártida, Groenlandia y los Andes se derriten a un ritmo alarmante. Este fenómeno no solo contribuye al aumento del nivel del mar, sino que también pone en riesgo ecosistemas frágiles y el acceso al agua dulce para millones de personas.
- **Subida del nivel del mar.** El deshielo de los polos, junto con la expansión térmica del agua marina por el calentamiento global, está provocando un aumento del nivel del mar. Esta subida amenaza a comunidades costeras y ciudades situadas a baja altitud, aumentando el riesgo de inundaciones, erosión de costas, salinización de acuíferos y pérdida de tierras cultivables. A largo plazo, millones de personas podrían verse desplazadas, lo que podría generar conflictos sociales y migraciones climáticas.
- **Desastres naturales.** Tormentas más violentas, huracanes más potentes, sequías prolongadas, inundaciones repentinas e incendios forestales descontrolados se están volviendo cada vez más comunes. Estos desastres no solo generan grandes pérdidas económicas, sino que tam-

bién ponen en riesgo vidas humanas, destruyen infraestructuras y provocan crisis humanitarias en zonas vulnerables.

⮩ **Enfermedades.** La contaminación del aire, especialmente en zonas urbanas, está estrechamente relacionada con múltiples enfermedades que afectan tanto al sistema respiratorio como al cardiovascular y neurológico. También se ha demostrado que aumenta la incidencia de ciertos tipos de cáncer, especialmente el de pulmón. En niños y embarazadas, la exposición a contaminantes puede causar bajo peso al nacer, partos prematuros y trastornos del desarrollo cognitivo.

Por otro lado, este modelo energético es insostenible también desde una perspectiva de disponibilidad de recursos. Los combustibles fósiles son finitos, lo que implica que, en algún punto, comenzarán a escasear o su extracción será inviable tanto económica como ambientalmente. Todo esto evidencia la necesidad urgente de una transición hacia un modelo energético más limpio, eficiente y respetuoso con el medioambiente.

2.1. Impacto energético global

El consumo energético global no se distribuye de forma equitativa. Las principales economías del mundo, como Estados Unidos, China y los países de Europa Occidental, son responsables de la mayor parte de la demanda energética debido a sus niveles de industrialización y a sus estilos de vida intensivos en recursos.

Por otro lado, los países en vías de desarrollo se enfrentan al desafío de crecer económicamente sin replicar los modelos altamente contaminantes del pasado. Muchos de estos países aún dependen de fuentes fósiles, por su bajo coste y accesibilidad, aunque las tecnologías renovables, cada vez más competitivas, están comenzando a cambiar esta realidad.

La transición hacia una matriz energética sostenible también se está reflejando en la agenda política global. Organismos internacionales como las Naciones Unidas y la Unión Europea han establecido compromisos ambiciosos para reducir las emisiones de carbono, fomentar la eficiencia energética e impulsar el uso de tecnologías limpias.

SABÍAS QUE...

A nivel nacional, países como Alemania, Dinamarca o Costa Rica se han convertido en referentes por sus políticas públicas orientadas a la descarbonización. Sin embargo, la implementación de estos cambios enfrenta resistencias por parte de sectores económicos tradicionales y requiere una transformación profunda en los sistemas de producción y consumo de energía.

- -

Finalmente, los avances tecnológicos están abriendo nuevas posibilidades para superar los desafíos que presentan estas fuentes, como la intermitencia en la generación o el almacenamiento de la energía. El desarrollo de baterías de gran capacidad, sistemas de hidrógeno verde y redes eléctricas inteligentes está allanando el camino hacia una transición energética más eficiente. La cooperación entre gobiernos, empresas y ciudadanía será clave para transformar el sistema energético global en una herramienta de sostenibilidad para las generaciones futuras.

2.2. Energía y desarrollo sostenible

Históricamente, el crecimiento económico ha estado ligado al consumo creciente de energía, en su mayoría proveniente de fuentes contaminantes. Este vínculo ha demostrado ser insostenible.

La explotación intensiva de recursos fósiles ha contribuido a una degradación ambiental acelerada, y ha creado desigualdades significativas entre regiones con acceso a recursos energéticos y regiones sin acceso a dichos recursos. Esto ha motivado a la comunidad internacional a buscar alternativas que implementen un desarrollo sostenible.

DEFINICIÓN

Energía
Propiedad fundamental de la naturaleza que permite la realización de trabajo o el movimiento de las cosas.

- -

En este contexto, las energías renovables surgen como la mejor opción para garantizar el acceso a la energía de forma sostenible.

El desarrollo sostenible se entiende como aquel que satisface las necesidades del presente sin comprometer la capacidad de las futuras generaciones para satisfacer las suyas.

Las tecnologías renovables permiten una descentralización de la producción energética, lo que representa una gran oportunidad para comunidades rurales, zonas aisladas y países en vías de desarrollo. El acceso a energía renovable puede:

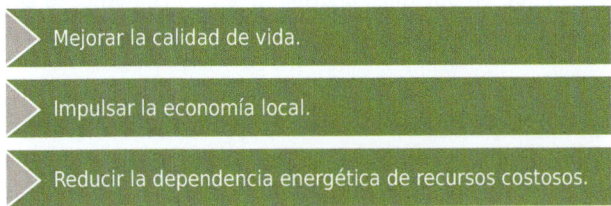

> Mejorar la calidad de vida.

> Impulsar la economía local.

> Reducir la dependencia energética de recursos costosos.

Para garantizar una transición hacia un desarrollo sostenible surge la Agenda 2030, impulsada por la ONU. En su objetivo de desarrollo sostenible número 7 (ODS 7) establece la finalidad de garantizar el acceso universal a servicios energéticos asequibles, seguros, sostenibles y modernos.

 PARA SABER MÁS

Podrás conocer más sobre los objetivos propuestos en la Agenda 2030 para el desarrollo sostenible en la siguiente web.

Accede desde aquí:

https://redirectoronline.com/enae019po0101

2.3. El rol de las energías renovables en la transición ecológica

Para poder alcanzar los objetivos sostenibles de la Agenda 2030, es necesaria una transición energética que sustituya progresivamente las fuentes de energía contaminantes por tecnologías limpias, renovables y eficientes.

 **NOTA**

No solo hay que cambiar las fuentes de energía, sino también transformar la manera en que producimos, distribuimos y consumimos la energía.

Para alcanzar esta transición ecológica hay diferentes opciones de energía renovable, como la solar, eólica, hidroeléctrica, geotérmica, de biomasa y mareomotriz, que representan opciones viables y sostenibles para la generación de energía eléctrica y térmica. Para que esta transición ecológica sea efectiva, se requiere de:

Políticas públicas integrales	- Estas políticas deben ir más allá de simples medidas aisladas. Deben incluir objetivos claros de reducción de emisiones, normativas para fomentar las energías renovables, incentivos fiscales para la eficiencia energética y penalizaciones para actividades altamente contaminantes.
Inversiones sostenidas	- Estas inversiones deben provenir tanto del sector público como del privado, y estar alineadas con objetivos climáticos. Es clave garantizar que estas inversiones se mantengan en el tiempo, para lograr una transformación estructural y no solo medidas puntuales.
Mecanismos de financiación accesibles	- Esto incluye créditos verdes, subvenciones, incentivos fiscales y fondos climáticos internacionales, especialmente para pequeñas y medianas empresas, comunidades rurales y países en desarrollo.

Continúa en página siguiente >>

<< Viene de página anterior

Educación ambiental	- Fomenta el conocimiento sobre los impactos del modelo energético actual y las ventajas de las energías renovables. Desde la escuela hasta la formación profesional y campañas públicas, se debe integrar la sostenibilidad en todos los niveles educativos. Esto permite formar ciudadanos críticos, comprometidos y capaces de tomar decisiones informadas en su vida cotidiana.
Participación ciudadana	- La participación activa en consultas públicas, planificación de infraestructuras y control del cumplimiento normativo permite adaptar las soluciones a las necesidades reales de las comunidades.

 APLICACIÓN PRÁCTICA

Macarena ha estado trabajando en un proyecto sobre sostenibilidad energética. Al investigar, descubre que el modelo energético basado en combustibles fósiles ha causado graves problemas medioambientales y se pregunta por qué es tan urgente cambiar hacia energías renovables. Ayúdala a dar una respuesta.

Solución

Las energías no renovables son contaminantes, limitadas y responsables del cambio climático, mientras que las renovables son limpias, sostenibles y favorecen un desarrollo más equitativo.

3. ¿Qué son las energías renovables?

 HILO CONDUCTOR

Una vez realizada una búsqueda del estado del arte sobre las fuentes de energía actuales, Macarena indica a su grupo que hay que centrarse en las diferentes fuentes de energía renovables. Por lo que insta a investigar sobre ellas.

A diferencia de las fuentes de energía tradicionales, las energías renovables se caracterizan por ser sostenibles y tener un impacto ambiental mucho menor. Una de las principales características de estas fuentes es que no disminuyen con el uso, es decir, pueden ser utilizadas sin que su existencia se vea comprometida a largo plazo. Además, su explotación no genera, en la mayoría de los casos, residuos tóxicos ni emisiones significativas de gases de efecto invernadero, lo que las convierte en una alternativa clave frente a la crisis climática y energética global.

✎ DEFINICIÓN

Energías renovables
Son aquellas que pueden ser explotadas de forma ilimitada, es decir, se trata de una fuente de energía inagotable.

Se pueden encontrar diferentes **tipos de energías renovables:**

➲ **Energía solar.** Es una de las fuentes renovables más conocidas y extendidas en el mundo. Se basa en la captación de la radiación solar para transformarla en electricidad o calor. Existen dos formas principales de aprovecharla: la energía **solar fotovoltaica** y la **solar térmica.** La energía fotovoltaica convierte directamente la luz del sol en electricidad a través de paneles compuestos por células fotovoltaicas, y se utiliza tanto en sistemas residenciales como en grandes plantas solares. Por otro lado, la energía solar térmica se emplea para calentar agua o generar vapor, útil tanto en viviendas como en procesos industriales. La principal ventaja de la energía solar es su disponibilidad casi ilimitada y su capacidad para reducir significativamente las emisiones de carbono.

- **Energía eólica.** Se genera mediante el aprovechamiento del viento para mover aerogeneradores que convierten la energía mecánica en electricidad. Los aerogeneradores pueden instalarse tanto en tierra firme como en el mar, donde los vientos suelen ser más constantes y fuertes. La energía eólica se ha expandido rápidamente en países como Dinamarca, Alemania, Estados Unidos y China. Esta energía, aunque intermitente, es una de las más prometedoras gracias a los avances tecnológicos y a su bajo impacto ambiental directo.

- **Energía hidroeléctrica.** Utiliza la energía del agua en movimiento para generar electricidad. Este proceso se realiza habitualmente mediante represas que almacenan agua en embalses; al liberarla, el flujo mueve turbinas conectadas a generadores. Se trata de una de las formas más antiguas y consolidadas de energía renovable. Existen instalaciones más pequeñas, conocidas como microcentrales hidroeléctricas, que resultan muy útiles para suministrar electricidad a comunidades rurales aisladas. A pesar de sus beneficios, este tipo de energía puede causar impactos ambientales importantes, como la alteración de ecosistemas acuáticos y el desplazamiento de poblaciones locales.

- **Energía de biomasa.** Se obtiene a partir de materia orgánica, como residuos agrícolas, forestales, urbanos y cultivos energéticos. Esta materia puede ser quemada directamente para producir calor o transformada en biocombustibles líquidos, como el etanol (extraído de maíz o caña de azúcar) y el biodiésel (producido a partir de aceites vegetales). La biomasa permite no solo generar electricidad o calor, sino también ofrecer una alternativa más limpia para el transporte.

  Históricamente, un ejemplo clásico de biomasa es la leña, utilizada para cocinar o calentar viviendas. En la actualidad, con el desarrollo de nuevas tecnologías, la biomasa contribuye a reducir residuos, aprovechar subproductos agrícolas y forestales, y disminuir las emisiones de gases de efecto invernadero, todo dentro de un enfoque de economía circular.

- **Energía geotérmica.** Se basa en el aprovechamiento del calor interno de la Tierra. Este calor, almacenado bajo la superficie terrestre, puede usarse para generar electricidad o proporcionar calefacción directa. Para acceder a él, se perfora el suelo para extraer vapor o agua caliente que hace girar turbinas o se canaliza hacia sistemas de calefacción. Aunque su uso está limitado a regiones con alta actividad geológica, como zonas volcánicas o de aguas termales, su potencial es elevado debido a su carácter constante, fiable y prácticamente libre de emisiones. Existen tres tipos principales de centrales geotérmicas:

  - **Campo seco:** donde el vapor seco emerge directamente del suelo.
  - **Campo húmedo:** donde el agua caliente se convierte en vapor para mover las turbinas.
  - **Binario:** donde un líquido secundario se calienta a partir del agua geotérmica para accionar una turbina.

◓ **Energía marina.** Incluye tanto la mareomotriz (basada en el movimiento de las mareas) como la undimotriz (basada en el movimiento de las olas), y representa una frontera emergente en el ámbito de las energías renovables. La energía mareomotriz puede capturarse a través de dos métodos principales:

◑ **Generadores de corriente de marea:** similares a las turbinas bajo el agua que funcionan con las corrientes de marea.
◑ **Presas de marea:** estructuras que capturan el agua durante la marea alta y la liberan durante la marea baja para mover generadores.

Las energías renovables presentan las siguientes **ventajas:**

◓ **Sostenibilidad ambiental:** las energías renovables no generan emisiones significativas de gases de efecto invernadero como el CO_2 durante su operación, lo cual las convierte en aliadas fundamentales en la lucha contra el cambio climático.
◓ **Recursos inagotables:** a diferencia de los combustibles fósiles, las fuentes renovables como el sol, el viento, el agua y el calor interno de la Tierra son virtualmente inagotables a escala humana. Esto asegura un suministro constante y predecible a largo plazo.
◓ **Reducción de costes operativos:** a medida que las tecnologías avanzan, los costes de instalación y mantenimiento de las energías renovables han disminuido considerablemente. Además, no dependen de combustibles, lo que elimina gastos variables y reduce la volatilidad de precios.
◓ **Generación de empleo y desarrollo económico:** el cambio hacia energías renovables crea nuevos puestos de trabajo en investigación, desarrollo, instalación y mantenimiento. Además, puede impulsar el crecimiento económico en regiones rurales y menos industrializadas.
◓ **Autonomía energética:** al aprovechar recursos locales, los países pueden reducir su dependencia de combustibles fósiles importados, lo cual fortalece su soberanía energética.
◓ **Beneficios para la salud:** al eliminar la necesidad de combustión, las fuentes renovables reducen drásticamente la emisión de contaminantes como dióxidos de azufre y nitrógeno, y partículas en suspensión, que afectan directamente a la salud humana.
◓ **Eficiencia en el uso del agua:** las tecnologías renovables suelen consumir mucha menos agua que las plantas de energía tradicionales, lo cual representa una ventaja importante en regiones con sequía.
◓ **Innovación tecnológica e integración inteligente:** las energías renovables impulsan el desarrollo de nuevas tecnologías y sistemas energéticos más inteligentes y eficientes. La digitalización, el almacenamiento y las redes inteligentes son parte integral del futuro energético renovable.

- **Protección de la biodiversidad:** al reducir la presión sobre los ecosistemas, las renovables pueden contribuir a conservar hábitats y especies en peligro. La disminución de actividades extractivas y el uso responsable del territorio son fundamentales para preservar la diversidad biológica del planeta.
- **Rehabilitación de entornos degradados:** en zonas rurales o posindustriales, la instalación de proyectos renovables bien planificados puede convertirse en una oportunidad para revitalizar economías locales, crear empleo y mejorar la calidad de vida de las comunidades.

Además, estas energías renovables presentan una seria de **desventajas:**

- **Intermitencia y variabilidad:** algunas renovables dependen del clima o del momento del día.
- **Costes iniciales altos:** la instalación de paneles solares, turbinas eólicas o plantas geotérmicas puede requerir una inversión inicial elevada, aunque los costes operativos son bajos.
- **Impacto ambiental y territorial:** aunque son mucho más limpias que los fósiles, no son 100 % libres de impacto. La energía solar puede requerir mucho espacio, afectando hábitats naturales o áreas agrícolas. La energía eólica a veces afecta a aves o murciélagos, y puede generar ruido si se instala cerca de zonas habitadas. La energía hidroeléctrica puede alterar ecosistemas fluviales, afectar la biodiversidad y desplazar comunidades.
- **Almacenamiento de energía:** para compensar la intermitencia, se necesita almacenar la energía sobrante. Las tecnologías de almacenamiento (como baterías de litio) aún son costosas y tienen limitaciones técnicas y ambientales.
- **Necesidad de tecnología y conocimiento especializado:** se requieren técnicos y profesionales capacitados para diseñar, instalar, operar y mantener estas tecnologías.
- **Adaptación a la red eléctrica:** las redes actuales están diseñadas para un modelo centralizado, mientras que las renovables suelen ser distribuidas.
- **Disponibilidad geográfica:** no todos los países o regiones tienen igual acceso a todos los recursos.

Como ya has visto, las energías renovables se han consolidado como una de las alternativas más viables para enfrentar el cambio climático, reducir la dependencia de los combustibles fósiles y avanzar hacia un modelo energético más sostenible. No obstante, su adopción generalizada implica una serie de retos que deben garantizar una transición ecológica eficaz. Algunos de estos **retos** son:

- **Retos ambientales:** a pesar de ser limpias en términos de emisiones, las energías renovables pueden generar impactos ambientales si no se gestionan adecuadamente:

  - **Impacto paisajístico y uso del suelo:** las instalaciones a gran escala pueden modificar paisajes naturales y competir con usos agrícolas o de conservación.
  - **Afectación a la fauna:** los aerogeneradores pueden perjudicar a aves y murciélagos. Las hidroeléctricas alteran ecosistemas acuáticos.
  - **Residuos tecnológicos:** el ciclo de vida de paneles, turbinas y baterías genera desechos electrónicos que requieren una gestión responsable.
  - **Monocultivos energéticos:** en la biomasa, los cultivos extensivos pueden poner en riesgo la biodiversidad y la seguridad alimentaria.

- **Desafíos técnicos y de infraestructura:** uno de los mayores desafíos es la intermitencia inherente a fuentes como la solar y la eólica, cuya producción depende de condiciones climáticas variables. Esta característica puede poner en riesgo la estabilidad del suministro eléctrico, especialmente en sistemas que no cuentan con suficiente capacidad de almacenamiento. Por esta razón, el desarrollo de baterías a gran escala y otras soluciones de almacenamiento energético se vuelve prioritario, aunque su implementación todavía implica altos costes y desafíos tecnológicos. A esto se suma la complejidad de integrar estas fuentes en redes eléctricas que fueron diseñadas para operar con combustibles fósiles, lo que exige una modernización sustancial de las infraestructuras existentes y el desarrollo de tecnologías de red inteligente que permitan una gestión más flexible y eficiente de la energía.

- **Barreras económicas:** aunque los costes de tecnologías como los paneles solares y las turbinas eólicas han disminuido considerablemente en las últimas décadas, las inversiones iniciales siguen representando una barrera, especialmente en países con menor capacidad financiera. La construcción de nuevas infraestructuras, la adquisición de tecnologías avanzadas y la adaptación de las redes existentes requieren recursos significativos que no siempre están disponibles. A largo plazo, los costes operativos más bajos de las renovables pueden compensar esta inversión, pero para facilitar esta transición es crucial contar con mecanismos de financiamiento accesibles, así como con el apoyo de políticas públicas que incentiven la inversión privada y reduzcan el riesgo económico.

- **Aspectos regulatorios y políticos:** en muchos países, las leyes actuales no están actualizadas para responder a las particularidades de estas tecnologías, lo cual puede obstaculizar su implementación o desincentivar la inversión. Es necesario diseñar e implementar normativas que fomenten el desarrollo renovable.

➲ **Desafíos sociales y humanos:** la aceptación de los proyectos renovables por parte de las comunidades locales es un factor esencial. En ocasiones, la falta de información clara o la percepción de que estos proyectos afectan negativamente a su entorno puede generar resistencia. La educación ambiental y la participación comunitaria son herramientas clave para promover el conocimiento, aumentar la transparencia y construir confianza. Al mismo tiempo, el desarrollo de una fuerza laboral capacitada es imprescindible para el mantenimiento y la operación de las nuevas tecnologías. Esto requiere la adecuación de los sistemas educativos y la promoción de programas de formación técnica que respondan a las nuevas demandas del mercado energético.

➲ **Oportunidades de futuro:** la incorporación de herramientas como la inteligencia artificial, el internet de las cosas y sistemas de gestión digital puede aumentar significativamente la eficiencia operativa y anticipar problemas en la generación y distribución de energía. Sin embargo, esta transformación digital implica inversiones importantes en infraestructura tecnológica y plantea nuevos retos en términos de protección de datos y ciberseguridad. Fomentar la investigación y el desarrollo en estas áreas es esencial para una transición energética moderna y resiliente.

 ACTIVIDAD COMPLEMENTARIA

1. Las energías renovables son clave para un futuro más sostenible, pero también se enfrentan a varios desafíos. En base a los retos a los que se enfrentan las energías renovables estudiados en esta unidad, busca soluciones para cada uno que mejorarían la transición sostenible.

4. Características generales

 HILO CONDUCTOR

Por último, Macarena sugiere a su grupo de investigación que el informe que deben presentar para RENEWEU estará completo si se añaden las principales características de las fuentes de energías renovables. Por ello, deben estudiarlas a fondo.

A diferencia de los combustibles fósiles, estas fuentes se obtienen de recursos naturales que se regeneran constantemente, lo que les confiere una serie de características distintivas que las hacen cada vez más relevantes en la transición hacia un modelo energético limpio, equitativo y resiliente. Comprender sus propiedades fundamentales permite valorar su papel estratégico en la construcción de un futuro más sostenible. Algunas de sus **características** son:

- **Inagotabilidad.** Una de las principales características de las energías renovables es su carácter inagotable. Estas fuentes de energía se basan en fenómenos naturales recurrentes y, en la práctica humana, ilimitados. Por ejemplo, la energía solar proviene del Sol, cuya vida útil se estima en miles de millones de años. Lo mismo ocurre con el viento, las corrientes hídricas o el calor terrestre, todos recursos que se regeneran constantemente sin intervención humana. A diferencia de los combustibles fósiles, cuya extracción conlleva un agotamiento progresivo, las energías renovables permiten una planificación energética a largo plazo sin temor a una crisis de suministro. Esta disponibilidad constante las convierte en pilares fundamentales para la transición energética y la sostenibilidad del sistema energético global.

- **Sostenibilidad ambiental.** Las renovables no producen, en su operación, emisiones significativas de GEI ni contaminantes atmosféricos, que están directamente relacionados con problemas como el calentamiento global, la lluvia ácida o enfermedades respiratorias. Por ejemplo, un parque solar no genera contaminación atmosférica durante su funcionamiento. Igualmente, los aerogeneradores convierten el viento en energía mecánica sin producir desechos contaminantes. Esta cualidad convierte las energías renovables en aliadas indispensables para reducir la huella de carbono y mitigar los efectos del cambio climático. Además, estas fuentes contribuyen a la preservación de ecosistemas al evitar la extracción intensiva de combustibles fósiles y al no generar residuos tóxicos ni radiactivos.

- **Ubicación específica.** Las energías renovables presentan una marcada dependencia de las condiciones geográficas y climáticas. Por ejemplo, la energía solar es más eficiente en regiones con alta irradiación, mientras que la eólica requiere de zonas con vientos regulares y estables. Asimismo, la geotérmica solo es viable en áreas con actividad tectónica, y la hidráulica depende de la disponibilidad de cauces y embalses. Esta característica implica que su adopción debe ser contextualizada, es decir, adaptada a las condiciones locales y regionales. No existe una solución única para todos los territorios; se requiere un análisis técnico que permita determinar la combinación óptima de fuentes según las características físicas y sociales de cada lugar. No obstante, esta diversidad también abre oportunidades para que distintos territorios aprovechen sus ventajas comparativas. Países con zonas desérticas pueden especializarse en energía solar, mientras que regiones montañosas con abundante agua pueden potenciar la energía hidroeléctrica.

- **Diversidad de fuentes.** Una ventaja estratégica de las energías renovables es su amplia diversidad de fuentes y tecnologías. Cada una de las tecnologías que ya has visto tiene aplicaciones específicas. Por ejemplo, la solar fotovoltaica es ideal para viviendas o instalaciones descentralizadas, mientras que la eólica marina se emplea en proyectos a gran escala. Esta flexibilidad funcional permite diseñar sistemas energéticos personalizados y adaptables. Además, esta diversidad disminuye la dependencia de una única fuente, aumentando la seguridad energética y la resiliencia ante desastres naturales o fallos en el sistema. En regiones aisladas o vulnerables, contar con varias tecnologías operando en paralelo reduce los riesgos de interrupción en el suministro eléctrico.

- **Tecnologías en evolución.** El desarrollo de las energías renovables está estrechamente vinculado con la innovación tecnológica, lo cual ha permitido mejorar su eficiencia, reducir sus costes y ampliar sus posibilidades de aplicación. En las últimas décadas, se ha observado una disminución drástica en el coste de los paneles solares, una mejora significativa en el rendimiento de las turbinas eólicas, y avances en tecnologías de almacenamiento. Esta evolución ha sido impulsada por la inversión pública y privada en investigación y desarrollo (I+D), así como por la creación de marcos regulatorios que favorecen la transición energética. Las redes inteligentes, la digitalización, el internet de las cosas (IoT) y la inteligencia artificial están revolucionando la forma en que se monitorizan y operan los sistemas energéticos.

- **Fluctuación y almacenamiento.** Una característica técnica fundamental de las energías renovables es su intermitencia, es decir, la variabilidad de la producción energética en función de fenómenos naturales. Para enfrentar este reto, es indispensable desarrollar sistemas de almacenamiento energético que permitan guardar el excedente de energía generado durante los picos de producción para utilizarlo cuando la generación sea baja.

- **Descentralización.** Las energías renovables fomentan un modelo descentralizado de generación energética, en contraste con las grandes plantas térmicas o nucleares. La instalación de paneles solares en techos residenciales o comunitarios, la creación de microrredes en zonas rurales y el uso de sistemas autónomos en áreas remotas son ejemplos de cómo la descentralización mejora el acceso a la energía y fortalece la resiliencia local.

- **Impacto económico positivo.** Las energías renovables tienen un impacto económico positivo en múltiples niveles. En primer lugar, generan empleo en sectores como la fabricación, instalación, operación y mantenimiento de infraestructuras energéticas. En segundo lugar, reducen la dependencia de importaciones de combustibles fósiles, mejorando la balanza comercial de los países. También impulsan la economía local, especialmente en áreas rurales donde los proyectos de energías limpias pueden dinamizar la actividad económica, crear cadenas de valor locales y mejorar la calidad de vida. Por otra parte, la reducción en los costes operativos a largo plazo contribuye a tarifas eléctricas más estables y accesibles. Socialmente, las energías renovables favorecen la justicia energética, al permitir que comunidades marginadas o en situación de pobreza energética accedan a servicios básicos de electricidad, iluminación, calefacción o refrigeración.

Las características generales de las energías renovables se centran en su capacidad para proporcionar fuentes de energía limpias, sostenibles y económicamente viables, que se adaptan a las necesidades locales y contribuyen a un futuro más resiliente y justo desde el punto de vista ambiental y social.

La integración de estas energías en la matriz energética mundial es un paso fundamental para responder a los actuales retos ambientales y económicos.

 TAREA 1

La profesora de ciencias ha propuesto a Macarena y a sus compañeros realizar una actividad donde imaginen cómo sería una comunidad completamente sostenible. Para ello, necesita tu ayuda. Tu tarea consiste en ayudar a Macarena a diseñar una comunidad donde se utilicen energías renovables, se cuide el entorno natural y se promuevan hábitos responsables entre sus habitantes. Deberás pensar en aspectos como: ¿qué fuentes de energía se usarán en esta comunidad?, ¿cómo se gestionarán los residuos?, ¿cómo se moverán las personas (transporte)?, ¿qué medidas se tomarán para proteger la biodiversidad? y ¿qué papel tendrán los ciudadanos, las escuelas y los gobiernos?

5. Resumen

Durante el último siglo, el desarrollo económico y tecnológico de la humanidad ha estado fuertemente vinculado al uso intensivo de fuentes de energía no renovables, como el petróleo, el gas natural y el carbón. Estas fuentes han sido pilares fundamentales para:

Industrialización | Expansión humana | Transporte | Calidad de vida

Este modelo energético ha derivado en diversos impactos ambientales negativos como:

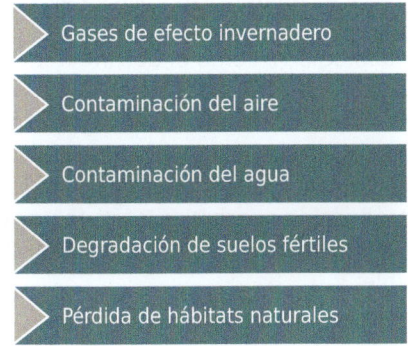

- Gases de efecto invernadero
- Contaminación del aire
- Contaminación del agua
- Degradación de suelos fértiles
- Pérdida de hábitats naturales

Los gases de efecto invernadero (GEI) más comunes son el dióxido de carbono (CO_2), el metano (CH_4) y el óxido nitroso (N_2O). Estos son resultado de la quema de combustibles fósiles. Los GEI se acumulan en la atmósfera y provocan el calentamiento global, dando lugar al conocido como cambio climático, que provoca:

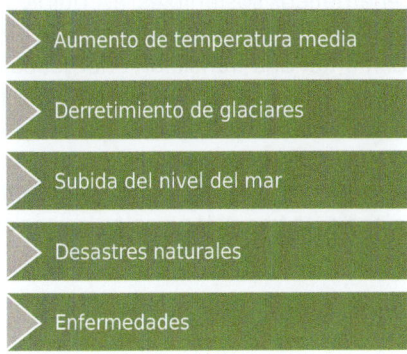

- Aumento de temperatura media
- Derretimiento de glaciares
- Subida del nivel del mar
- Desastres naturales
- Enfermedades

El modelo energético actual, basado en combustibles fósiles, es insostenible debido a su carácter finito, lo que llevará a su escasez o a la inviabilidad de su extracción. Esto resalta la necesidad urgente de una transición hacia un modelo más limpio y eficiente. Además, el consumo energético global no está distribuido equitativamente: las economías más industrializadas tienen una mayor demanda energética, mientras que los países en desarrollo buscan crecer sin replicar modelos contaminantes.

La transición hacia un modelo energético sostenible está siendo promovida por organismos internacionales como la ONU y la UE, y algunos países ya son referentes en políticas de descarbonización. Sin embargo, la resistencia de sectores tradicionales y la necesidad de transformar los sistemas de producción y consumo de energía son obstáculos importantes.

Los avances tecnológicos, como el desarrollo de baterías de gran capacidad, el hidrógeno verde y las redes inteligentes, están ayudando a superar desafíos como la intermitencia de las energías renovables. La cooperación entre gobiernos, empresas y ciudadanos es esencial para lograr una transición energética efectiva. Las energías renovables, al permitir la descentralización de la producción energética, ofrecen una oportunidad para comunidades rurales y países en desarrollo, garantizando acceso a la energía de manera sostenible:

Mejorar la calidad de vida	Impulsar la economía local	Reducir la dependencia energética de recursos costosos

La Agenda 2030, impulsada por la ONU, busca garantizar el acceso universal a servicios energéticos sostenibles, asequibles y modernos a través del objetivo de desarrollo sostenible número 7 (ODS 7). Para lograr estos objetivos, es fundamental una transición energética que reemplace gradualmente las fuentes de energía contaminantes por tecnologías limpias y renovables. Entre las opciones renovables viables y sostenibles se incluyen la solar, la eólica, la hidroeléctrica, la geotérmica, la biomasa y la mareomotriz, que son clave para la generación de energía eléctrica y térmica de manera ecológica. Para que esta transición ecológica sea efectiva, se requiere de:

Las energías renovables son sostenibles, no se agotan con su uso y tienen un impacto ambiental bajo. No generan residuos tóxicos ni emisiones de gases de efecto invernadero, lo que las convierte en una alternativa esencial frente a la crisis climática y energética. Se pueden encontrar diferentes energías renovables:

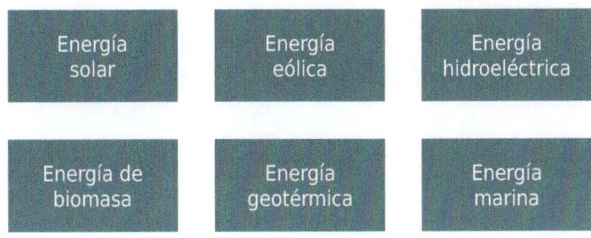

Como ya has visto, las energías renovables se han consolidado como una de las alternativas más viables para enfrentar el cambio climático, reducir la dependencia de los combustibles fósiles y avanzar hacia un modelo energético más sostenible. No obstante, su adopción generalizada implica una serie de retos que deben garantizar una transición ecológica eficaz:

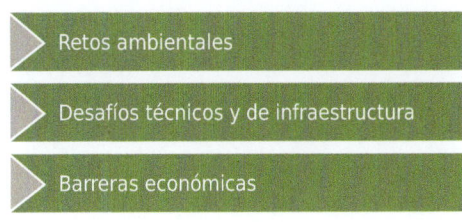

Continúa en página siguiente >>

<< Viene de página anterior

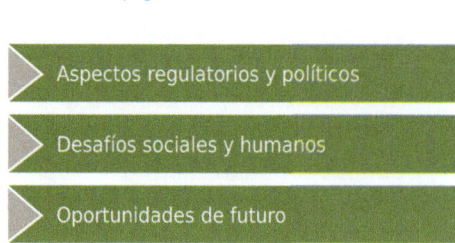

A diferencia de los combustibles fósiles, las energías renovables provienen de recursos naturales que se regeneran constantemente, lo que las hace clave en la transición hacia un modelo energético limpio y sostenible. Comprender sus características es esencial para valorar su papel en un futuro más sostenible:

Las energías renovables ofrecen fuentes de energía limpias, sostenibles y económicamente viables, adaptándose a las necesidades locales y promoviendo un futuro más resiliente y justo. Su integración en la matriz energética global es clave para abordar los desafíos ambientales y económicos actuales.

Ejercicios de autoevaluación
Unidad de Aprendizaje 1

1. **Completa la siguiente frase:**

   a. Los gases de efecto invernadero más comunes son
   _____, _____ y _____.

2. **¿Cuál es uno de los principales problemas derivados de la quema de combustibles fósiles?**

   a. Creación de energía renovable.
   b. Liberación de gases de efecto invernadero.
   c. Mejora del ciclo del agua.
   d. Reducción de la contaminación atmosférica.

3. **Indica si la siguiente oración es verdadera o falsa: "Australia ha sido el país referente en la implementación de políticas públicas para la descarbonización y el uso de energías renovables".**

   ■ Verdadero
   ■ Falso

4. **Completa la siguiente frase:**

   a. La energía solar fotovoltaica convierte la luz del sol en _____ a través de paneles fotovoltaicos.

5. **¿Cuál de las siguientes energías renovables depende del aprovechamiento del viento para generar electricidad?**

   a. Energía eólica
   b. Energía hidroeléctrica
   c. Energía de biomasa
   d. Energía geotérmica

6. Indica si la siguiente oración es verdadera o falsa: "La energía hidroeléctrica utiliza la energía del agua en movimiento para generar electricidad".

- ■ Verdadero
- ■ Falso

7. Completa la siguiente frase:

a. Los principales desafíos de la energía solar y eólica son _____ y _____.

8. Indica si la siguiente oración es verdadera o falsa: "La energía geotérmica está basada en el aprovechamiento del calor interno de la Tierra".

- ■ Verdadero
- ■ Falso

9. ¿Cuál de las siguientes opciones es una ventaja importante de las energías renovables?

a. Generan altos costes operativos a largo plazo.
b. Son recursos inagotables.
c. No requieren de tecnología avanzada.
d. Generan residuos tóxicos significativos.

10. Indica si la siguiente oración es verdadera o falsa: "Uno de los principales retos de las energías renovables es la ausencia de recursos naturales".

- ■ Verdadero
- ■ Falso

Energía solar térmica y energía solar termoeléctrica

Contenido

Objetivos

El objetivo general de esta Unidad de Aprendizaje es:

→ Conocer la utilidad de la energía solar térmica y termoeléctrica como alternativas sostenibles.

Los objetivos específicos de esta Unidad de Aprendizaje son:

→ Conocer los componentes, funcionamiento y aplicaciones de la energía solar térmica.

→ Identificar las tecnologías que emplean energía solar termoeléctrica, así como su funcionamiento y aplicaciones.

→ Aplicar los conceptos de energía solar térmica y energía solar termoeléctrica a casos reales.

1. Introducción

La energía solar se ha convertido en un elemento clave para lograr una transición hacia fuentes energéticas más sostenibles y respetuosas con el medioambiente. Dentro de este campo, destacan dos tecnologías: la energía solar térmica, usada principalmente para calentar agua en usos domésticos e industriales, y la energía solar termoeléctrica, que transforma el calor del sol en electricidad mediante sistemas más complejos.

Ambas tecnologías permiten reducir el uso de combustibles fósiles, minimizar emisiones contaminantes y aprovechar un recurso inagotable, como es el sol. Además, ofrecen una amplia variedad de aplicaciones, desde el uso en viviendas hasta grandes instalaciones eléctricas.

Estas soluciones representan no solo una alternativa eficiente y limpia, sino también una oportunidad para innovar y construir un futuro energético más seguro y sostenible. La integración de sistemas térmicos y termoeléctricos permite aprovechar al máximo el potencial del sol, marcando el camino hacia una generación energética más equilibrada y con menor impacto ambiental.

En esta unidad continuaremos con el caso de Macarena, responsable del grupo de investigación Energía Viva. Tras presentar un informe sobre medioambiente y energía, han decidido centrarse en la energía solar como fuente principal del proyecto europeo que están desarrollando.

2. Energía solar térmica

 HILO CONDUCTOR

Macarena indica a sus compañeros de Energía Viva que hay que investigar acerca de las tecnologías que abarcan la energía solar térmica, con el fin de poder buscar innovaciones en este tipo de instalaciones que ayuden a la realización del proyecto europeo que están realizando.

- -

La energía solar térmica es una tecnología que utiliza la radiación solar para generar calor útil, empleado principalmente en calentar agua, calefacción de espacios y procesos industriales. A diferencia de la energía solar fotovoltaica, que transforma la luz en electricidad, la solar térmica captura el calor del sol mediante colectores solares.

El Sol, cuya temperatura en la fotósfera ronda entre los 5.500 y 6.500 K, emite una gran cantidad de radiación electromagnética, compuesta por luz visible, rayos infrarrojos y ultravioleta. Esta energía, al ser limpia, inagotable y disponible a nivel global, representa una solución clave para avanzar hacia un modelo energético más sostenible y respetuoso con el medioambiente.

NOTA

En países con alta radiación solar como España, donde se alcanzan entre 1.200 y 1.800 W/m^2, esta tecnología tiene un gran potencial, especialmente en instalaciones domésticas para agua caliente sanitaria.

La energía solar térmica presenta una serie de **ventajas** y **desventajas:**

- **Ventajas:**
  - **Eficiencia energética:** la energía solar térmica convierte entre el 40 y el 70 % de la radiación solar en calor utilizable, lo que es significativamente más eficiente que los sistemas fotovoltaicos tradicionales.
  - **Reducción de emisiones:** al disminuir la dependencia de combustibles fósiles, los sistemas térmicos contribuyen a la reducción de las emisiones de gases de efecto invernadero.
  - **Costes de operación bajos:** una vez instalados, los sistemas solares térmicos tienen costes de operación mínimos, lo que resulta en un ahorro sustancial en comparación con las fuentes de energía convencionales.
  - **Integración en infraestructuras existentes:** los sistemas solares térmicos pueden ser fácilmente integrados en infraestructuras existentes, lo que los hace una opción viable para mejorar la eficiencia energética de edificaciones ya construidas.
  - **Energía renovable e inagotable:** la energía solar térmica se basa en el aprovechamiento del calor del sol, una fuente inagotable que está disponible todos los días. A diferencia de los combustibles fósiles, no se agota con el uso.
  - **Bajo impacto ambiental:** no genera emisiones de gases de efecto invernadero, lo que ayuda a reducir el efecto invernadero y la

contaminación atmosférica. Es una opción sostenible y alineada con las políticas energéticas ecológicas.

◊ **Reducción en la factura energética:** aunque la inversión inicial puede ser alta, a medio y largo plazo permite un ahorro significativo en la factura energética. Una instalación solar térmica puede cubrir gran parte del consumo de agua caliente sanitaria, calefacción o procesos industriales.

◊ **Tecnología madura y probada:** es una tecnología que lleva décadas usándose, por lo que existen múltiples soluciones técnicas bien desarrolladas. Los equipos actuales son seguros, eficientes y tienen una vida útil prolongada (más de 20 años si se mantienen correctamente).

◊ **Mantenimiento relativamente sencillo:** las instalaciones requieren revisiones periódicas (limpieza de colectores, control de presión del circuito, revisión de bombas y válvulas), pero no implican grandes gastos ni una intervención constante.

◊ **Aplicaciones versátiles:** se puede aplicar tanto en hogares como en edificios públicos, hoteles, hospitales, piscinas y en la industria. Es ideal en zonas con alta radiación solar.

◊ **Posibilidad de combinación con otros sistemas:** puede integrarse con sistemas tradicionales (como calderas de gas o bombas de calor) para asegurar el suministro energético incluso cuando no hay suficiente radiación solar, aumentando la eficiencia global del sistema.

➲ **Desventajas:**

◊ **Alta inversión inicial:** el coste de adquisición e instalación de los equipos puede ser elevado, especialmente si se busca un sistema de alta capacidad o automatizado. Aunque se recupera con el tiempo, este factor puede ser una barrera para muchas personas o pequeñas empresas.

◊ **Dependencia del clima:** la producción de calor depende directamente de la radiación solar disponible. En días nublados, lluviosos o durante el invierno, la eficiencia puede disminuir considerablemente. Por ello, se recomienda usar sistemas auxiliares para garantizar un suministro constante.

◊ **Requiere espacio:** los colectores solares deben instalarse en lugares con buena exposición solar (habitualmente en el tejado), y necesitan cierta inclinación y orientación. En viviendas con poco espacio o tejados con sombra, esto puede ser un problema.

◊ **Pérdidas térmicas y eficiencia variable:** si el sistema no está bien aislado o el recorrido de las tuberías es muy largo, se pueden producir pérdidas de calor significativas. Además, su rendimiento varía en función de la localización geográfica, la estación del año y la calidad de la instalación.

Un sistema solar térmico está compuesto por varios circuitos hidráulicos que trabajan conjuntamente para captar, transferir, almacenar y suministrar el calor necesario para calentar agua o espacios. Estos **circuitos** son:

Circuito primario

Está formado por los colectores solares (habitualmente planos o de tubos de vacío), las tuberías que los conectan con el intercambiador de calor o directamente con el acumulador y, en algunos casos, una bomba de circulación si el sistema no es por termosifón. Su función principal es captar la radiación solar y transferir el calor recogido por los colectores al fluido caloportador (normalmente una mezcla de agua y anticongelante), que luego cede esa energía térmica en el intercambiador o directamente en el acumulador, dependiendo del tipo de sistema. Es importante que estas tuberías estén bien aisladas térmicamente para evitar pérdidas de calor durante el recorrido.

Circuito secundario

Este circuito comprende el acumulador (donde se almacena el agua caliente), el intercambiador de calor (si existe), y las tuberías que lo conectan con los puntos de consumo (como grifos, duchas, calefacción por suelo radiante, etc.). Su misión es almacenar el agua caliente sanitaria (ACS) o el fluido térmico una vez que ha recibido el calor del circuito primario y distribuirla cuando sea necesario. El acumulador mantiene la temperatura constante gracias a su aislamiento térmico, permitiendo que el calor esté disponible incluso cuando no hay sol.

Circuito auxiliar

Se trata de un sistema de respaldo, que puede ser una caldera de gas, una resistencia eléctrica o una bomba de calor, conectado al circuito secundario a través de sus propias tuberías. Su función es garantizar el suministro de agua caliente en momentos en los que la radiación solar no es suficiente. Este sistema entra en funcionamiento de forma automática cuando la temperatura del agua en el acumulador baja de la consigna establecida.

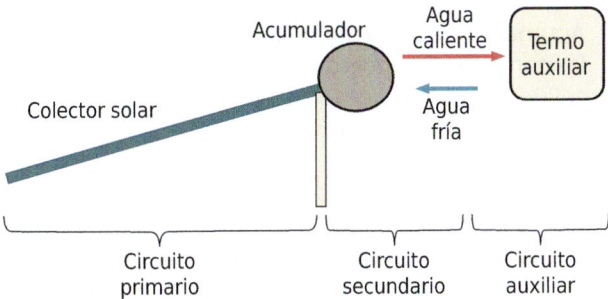

Esquema de una instalación solar térmica
Fuente: Elaboración propia.

Una instalación solar térmica está compuesta por varios elementos que trabajan en conjunto para captar la energía solar, transformarla en calor, almacenarla y distribuirla de manera eficiente. A continuación, se describen los principales **componentes del sistema:**

⮞ **Colectores solares.** Son los encargados de captar la radiación solar y transformarla en calor útil. Su superficie está diseñada para absorber al máximo la energía solar y minimizar las pérdidas de calor por convección y radiación. Suelen instalarse en tejados, fachadas o estructuras inclinadas y con una inclinación adecuada para maximizar la captación solar según la latitud. Existen dos tipos principales:

    ◔ **Colectores planos:** formados por una placa absorbedora (de cobre o aluminio) recubierta con un material selectivo y protegida por una caja rectangular de cristal transparente. Son eficaces en climas templados y tienen un coste más reducido.

    ◔ **Colectores de tubos de vacío:** formados por tubos concéntricos de vidrio con vacío entre ellos, lo que les proporciona un excelente aislamiento térmico. Cada tubo funciona como un pequeño captador solar independiente, lo que permite una mejor captación de la radiación y una mayor eficiencia. Son más eficientes en climas fríos o con baja radiación solar.

⮞ **Acumulador térmico.** Se encarga de almacenar el calor recogido por los captadores durante las horas de sol, permitiendo disponer de agua caliente sanitaria (ACS) o calefacción incluso durante la noche o en días nublados. Está aislado térmicamente para minimizar las pérdidas de calor. Hay dos tipos comunes de acumuladores:

    ◔ **Tanques de almacenamiento directo:** almacenan directamente el agua caliente que se utilizará.

◔ **Acumuladores con materiales de cambio de fase:** utilizan materiales como sales o ceras que almacenan calor al cambiar de estado (de sólido a líquido y viceversa), lo que permite una mayor densidad de almacenamiento térmico.

El acumulador puede incorporar un intercambiador de calor interno cuando el fluido caloportador no es potable, garantizando la transferencia segura del calor al agua de consumo.

⮎ **Intercambiador de calor.** Permite la transferencia de calor entre el fluido caloportador y el agua de consumo, sin que se mezclen. Es fundamental cuando se utilizan fluidos anticongelantes o cuando se requiere separar los circuitos primario y secundario. Pueden ser de placas o de tubos, y están fabricados con materiales de alta conductividad térmica, como el cobre o el acero inoxidable. Su diseño debe optimizar el área de contacto y garantizar una transferencia eficiente. Los intercambiadores requieren mantenimiento periódico: limpieza de superficies, comprobación de conexiones y detección de fugas.

⮎ **Circuito hidráulico.** Es el sistema de tuberías, bombas, válvulas y accesorios que permite la circulación del fluido caloportador entre los distintos elementos de la instalación. El fluido caloportador puede ser agua, anticongelante o aceites térmicos, dependiendo del tipo de sistema y la temperatura de operación. El circuito incluye dispositivos de seguridad como válvulas de expansión, purgadores de aire y manómetros, esenciales para evitar sobrepresiones o bloqueos.

⮎ **Sistemas de control.** Gestiona el funcionamiento de toda la instalación de forma automática, optimizando el rendimiento y garantizando la seguridad. Su función es, por ejemplo, activar o desactivar la bomba de circulación en función de la diferencia de temperatura entre el captador y el acumulador, o desviar el fluido hacia el sistema auxiliar si no se alcanza la temperatura deseada. En instalaciones modernas, puede incluir gestión domótica o conexión con *apps* móviles. Está compuesto por:

◔ Sensores de temperatura y radiación solar.
◔ Controladores electrónicos programables.
◔ Actuadores y válvulas motorizadas.
◔ Registro de datos y sistemas de monitorización.

⮎ **Sistema auxiliar de apoyo.** Este sistema garantiza el suministro de agua caliente o calefacción cuando la energía solar no es suficiente, ya sea por mala meteorología, alta demanda o en horas sin radiación. El sistema auxiliar se activa automáticamente, integrándose de forma eficiente con el circuito solar para asegurar un servicio continuo y cómodo para el usuario. Puede estar compuesto por calderas de gas o gasóleo, resistencias eléctricas o bombas de calor.

◑ **Sistema auxiliar de apoyo.** Deben instalarse con una inclinación y orientación adecuadas para aprovechar al máximo la radiación solar. Para ello, se utilizan estructuras metálicas de soporte que fijan los captadores de forma estable. Estas estructuras deben estar diseñadas para resistir condiciones meteorológicas extremas y adaptarse a la superficie del tejado o suelo. Su durabilidad y resistencia son claves para la seguridad y longevidad de la instalación.

Los colectores solares planos son ideales en climas cálidos.

Los colectores solares de tubos de vacío son adecuados en climas fríos.

La energía solar térmica destaca por su bajo impacto ambiental en comparación con otras fuentes de energía. Al aprovechar una fuente renovable como el sol contribuye significativamente a la reducción de GEI como el CO_2. A diferencia de las tecnologías convencionales, esta tecnología no emite partículas ni contaminantes atmosféricos, lo cual mejora la calidad del aire y ayuda a combatir el cambio climático. Estas instalaciones reducen la huella ecológica, ya que utilizan materiales reciclables como el vidrio, el acero inoxidable o el cobre.

Sin embargo, conviene tener en cuenta ciertos aspectos como el impacto ambiental de la fabricación de los componentes, ya que este proceso implica un consumo de energía y recursos. Otro punto a considerar es el uso de fluidos caloportadores como los glicoles que, si bien no son altamente tóxicos, requieren una correcta gestión para evitar fugas o vertidos accidentales. En instalaciones grandes, también se debe valorar el impacto visual o la ocupación de espacio, sobre todo si no se integran adecuadamente en el entorno.

NOTA

Una instalación solar térmica doméstica puede evitar la emisión de hasta una tonelada de dióxido de carbono al año.

Desde el punto de vista económico, la energía solar térmica puede representar una inversión muy rentable a medio y largo plazo, aunque su instalación inicial requiere una inversión considerable. El ahorro energético generado compensa este coste con el paso del tiempo. En muchos casos, se pueden llegar a cubrir entre el 40 % y el 70 % de las necesidades de agua caliente sanitaria y calefacción, reduciendo así de forma notable las facturas energéticas mensuales.

SABÍAS QUE...

La inversión inicial de una instalación solar térmica ubicada en una vivienda unifamiliar puede oscilar entre los 2.000 y los 5.000 euros.

Otro de los grandes beneficios económicos es la independencia energética que proporciona. Además, muchos gobiernos y comunidades autónomas ofrecen ayudas, subvenciones e incentivos fiscales que reducen considerablemente el coste inicial de la instalación. También cabe destacar que una vivienda con sistemas solares térmicos suele obtener una mejor calificación energética, lo que puede aumentar su valor de mercado.

A pesar de estos beneficios, es importante tener en cuenta algunos inconvenientes económicos. El retorno de la inversión puede tardar entre 5 y 10 años, dependiendo del uso del sistema y de las condiciones climáticas locales. Además, aunque el mantenimiento no es excesivo, sí es necesario realizar revisiones periódicas, limpiar los colectores y verificar el estado del fluido caloportador para asegurar un funcionamiento óptimo del sistema. En climas con inviernos largos o poco soleados, también puede ser necesario complementar el sistema con una fuente de energía auxiliar, lo que puede suponer un coste adicional.

2.1. Su uso principal: calentamiento de agua para diferentes usos

La energía solar térmica tiene múltiples usos, que abarcan tanto el ámbito doméstico como el industrial y comercial. Gracias a su versatilidad, puede aplicarse no solo al calentamiento de agua, sino también a la calefacción de espacios e incluso a procesos de refrigeración. A continuación, se detallan las principales **aplicaciones:**

Aplicaciones domésticas
- **Agua caliente sanitaria (ACS):** es la aplicación más extendida en viviendas. A través de colectores solares y un acumulador, se puede disponer de agua caliente para uso diario (duchas, lavabos, cocina) durante prácticamente todo el año, reduciendo el consumo de gas o electricidad.
- **Calefacción de espacios:** la energía solar térmica también se utiliza para alimentar sistemas de calefacción como suelo radiante, radiadores de baja temperatura o fancoil. Esta opción es especialmente eficaz cuando se combina con una buena orientación solar y un aislamiento térmico adecuado de la vivienda.
- **Refrigeración solar doméstica:** aunque menos común, es posible usar el calor solar para activar sistemas de refrigeración por absorción, proporcionando frescor en verano sin necesidad de aires acondicionados eléctricos tradicionales.
- **Piscinas:** el calentamiento de piscinas mediante energía solar es muy frecuente, ya que permite alargar la temporada de uso con un coste energético muy reducido.

Continúa en página siguiente >>

<< Viene de página anterior

Aplicaciones en el sector servicios
- **Hoteles, hospitales y centros deportivos:** estos lugares requieren grandes cantidades de agua caliente de forma continua. Los sistemas solares térmicos permiten cubrir buena parte de esta demanda con una inversión amortizable a medio plazo, generando ahorro energético y reduciendo la huella ambiental.
- **Residencias y edificios multifamiliares:** en comunidades de vecinos o edificios de viviendas, se pueden instalar sistemas colectivos centralizados que abastecen de ACS a todas las unidades, optimizando espacio y eficiencia.

Aplicaciones industriales
- **Industria alimentaria:** la energía solar térmica puede usarse para procesos como lavado de maquinaria, esterilización de envases, cocción o pasteurización, entre otros. Su uso reduce el consumo de combustibles fósiles y los costes operativos.
- **Textil y papelera:** estos sectores que requieren agua caliente o vapor para el tratamiento de materiales pueden beneficiarse enormemente de esta tecnología.
- **Procesos térmicos industriales:** la energía solar puede emplearse para calentar fluidos industriales, secar productos o precalentar aire y agua en procesos de producción. Se han desarrollado incluso colectores de media y alta temperatura para generar vapor solar.

Calefacción y refrigeración solar
- **Sistemas combinados:** es posible diseñar instalaciones híbridas que proporcionen calefacción en invierno y refrigeración en verano, utilizando tecnologías como el ciclo de absorción o adsorción, con apoyo solar.
- **Climatización de espacios:** la climatización solar mediante suelo radiante o sistemas de ventilación con apoyo térmico es una opción cada vez más utilizada en arquitectura bioclimática y edificios sostenibles.

2.2. Funcionamiento

El funcionamiento de la energía solar térmica se basa en principios relativamente simples, pero requiere un conjunto de componentes diseñados para maximizar la captación, transferencia y aprovechamiento del calor solar. El **funcionamiento** consiste en:

Captación de la energía solar

- El proceso comienza con la captación de la radiación solar mediante los colectores solares térmicos, que transforman la luz solar en calor.

Transferencia del calor captado

- El calor captado no se utiliza de forma inmediata, sino que se transfiere mediante el fluido caloportador. Este fluido circula gracias a una bomba dentro de un circuito hidráulico cerrado, llevando el calor desde los colectores hasta un intercambiador de calor o directamente hacia un acumulador térmico, donde queda almacenado para su posterior uso.

Almacenamiento del calor

- Para aprovechar la energía en momentos en que no hay radiación solar, el calor se almacena en el tanque acumulador aislado térmicamente.

Distribución y aplicación

- El calor almacenado se distribuye a través de las tuberías y se utiliza en función de la aplicación del sistema.

Apoyo del sistema auxiliar

- Cuando la energía solar no es suficiente para cubrir la demanda, entra en funcionamiento el sistema auxiliar, que garantiza el suministro de calor continuo.

 VÍDEO

En el siguiente vídeo, puedes observar los componentes y el funcionamiento de una instalación solar térmica. Accede al vídeo desde aquí:

https://redirectoronline.com/enae019po0201

APLICACIÓN PRÁCTICA

Francisco, miembro de Energía Viva, ha visitado una instalación solar térmica en Córdoba. El responsable de la instalación le ha explicado cómo funciona dicha instalación, pero no le ha quedado claro qué componente genera la electricidad que abastece a diferentes edificios. ¿Podrías ayudarlo a averiguarlo?

Solución

A través de una turbina, el vapor generado por el intercambiador de calor se dirige hacia esta, que está conectada a un generador y convierte la energía mecánica en electricidad.

---

3. Energía solar termoeléctrica

☞ HILO CONDUCTOR

Una vez analizada la energía solar térmica, Macarena cree conveniente analizar la combinación de generación de calor y electricidad, ya que considera que este tipo de instalación puede simplificar su proyecto. Por lo que indica a sus compañeros la necesidad de investigar sobre las instalaciones solares termoeléctricas.

La energía solar termoeléctrica es una tecnología innovadora que aprovecha la energía del sol para generar electricidad de manera sostenible, es decir, es una tecnología que capta el calor (energía solar térmica) y, posteriormente, lo transforma en electricidad (energía solar fotovoltaica). A diferencia de la solar fotovoltaica, que transforma directamente la luz solar en electricidad, los sistemas termoeléctricos aprovechan el calor generado por la concentración de la radiación solar para generar vapor de agua, que acciona turbinas conectadas a generadores eléctricos.

La energía solar termoeléctrica representa una de las tecnologías renovables más prometedoras para la generación eléctrica sostenible. A continuación, se presentan sus principales **ventajas** e **inconvenientes:**

Ventajas	Desventajas
- **Almacenamiento térmico:** a diferencia de la energía solar fotovoltaica, estas instalaciones permiten incorporar sistemas de almacenamiento térmico, que permitirá generar electricidad cuando no haya sol. - **Energía gestionable:** a diferencia de otras renovables, puede ofrecer una producción continua y estable. - **Bajas emisiones:** no genera gases contaminantes durante la operación. - **Uso eficiente del terreno:** produce más energía por metro cuadrado que otras tecnologías renovables, como la solar fotovoltaica. - **Aplicaciones industriales:** puede generar calor de proceso a alta temperatura, útil para la industria. - **Integración híbrida:** se puede combinar con otras fuentes de energía para mejorar la flexibilidad operativa. - **Desarrollo tecnológico:** está en constante mejora, lo que puede reducir costes y aumentar su rendimiento.	- **Alta inversión inicial:** las plantas son costosas de construir y requieren una infraestructura compleja. - **Limitación geográfica:** solo es viable en zonas con alta radiación solar directa, como desiertos o regiones muy soleadas. - **Consumo de agua:** algunas tecnologías requieren mucha agua para enfriamiento, lo cual es un problema en zonas áridas. - **Mantenimiento especializado:** el manejo de fluidos a altas temperaturas y sistemas ópticos requiere técnicos capacitados. - **Tiempos largos de desarrollo:** las plantas grandes pueden tardar años en planificarse, construirse y ponerse en marcha. - **Menor eficiencia en días nublados o con polvo:** aunque pueden almacenar calor, su captación de energía baja si hay muchas nubes o partículas en el aire.

3.1. Mezcla de la energía solar térmica y la eléctrica

Existen cuatro tecnologías principales en este campo, cada una con características particulares que determinan su eficiencia, coste y aplicaciones:

- **Colector cilindro-parabólico.** Es la tecnología más desarrollada y utilizada actualmente en plantas solares a gran escala. Utilizan una serie de espejos en forma de parábola que giran en un eje para seguir el movimiento del sol. Estos espejos concentran la radiación solar sobre un tubo receptor ubicado en la línea focal, por donde circula el fluido caloportador, que puede alcanzar temperaturas de hasta 400 °C.
- **Torre solar.** Un campo de helióstatos (espejos que se mueven individualmente) se encarga de reflejar y concentrar la radiación solar hacia un receptor ubicado en la cima de una torre. El fluido utilizado suele ser una mezcla de sales fundidas, que puede alcanzar temperaturas superiores a los 500 °C, lo que mejora la eficiencia del ciclo térmico.
- **Disco parabólico.** Concentran la radiación solar en un solo punto focal mediante un espejo en forma de paraboloide. En ese punto se encuentra un receptor térmico, que puede estar conectado a un motor Stirling o a una pequeña turbina para generar electricidad directamente. Son sistemas de escala reducida, ideales para zonas aisladas o sin conexión a la red eléctrica.
- **Reflector lineal Fresnel.** Es una tecnología similar a los colectores cilindro-parabólicos, pero, en vez de usar espejos curvos, emplea una serie de espejos planos alineados horizontalmente que concentran la radiación en un tubo receptor fijo. Son más económicos y fáciles de instalar, aunque su eficiencia es algo menor.

La energía solar termoeléctrica, además de generar electricidad, tiene múltiples aplicaciones útiles, especialmente en el ámbito industrial, donde el calor de alta temperatura es un recurso clave. Estas son algunas de sus principales **aplicaciones:**

Desalinización de agua
- Las plantas solares termoeléctricas pueden aprovechar el calor sobrante para evaporar agua salada y luego condensarla como agua potable. Es una solución ideal para zonas áridas con abundante sol y escasez de agua.

Producción de hidrógeno verde
- Utilizando el calor solar concentrado, es posible separar moléculas de agua para generar hidrógeno sin emisiones contaminantes. Este hidrógeno puede emplearse como combustible limpio en el transporte o la industria.

Continúa en página siguiente >>

<< Viene de página anterior

Procesos térmicos industriales
- Muchas industrias necesitan calor a alta temperatura. La energía solar termoeléctrica puede suministrar una parte o todo ese calor, reduciendo el consumo de gas o carbón. Se puede integrar en fábricas existentes, modernizando procesos sin cambios drásticos en infraestructura.

Redes de distrito
- Una instalación solar termoeléctrica puede distribuir calor y electricidad a diferentes edificios e incluso a barrios enteros, provocando la descentralización energética.

Los sistemas solares termoeléctricos convierten la radiación solar en electricidad mediante un proceso térmico que involucra varios pasos bien integrados:

- **Captación solar:** el proceso comienza con la captación de la radiación solar a través de concentradores solares, que concentran la luz solar en un punto focal o sobre un tubo receptor que contiene un fluido caloportador, como aceite térmico.
- **Generación de calor:** la concentración de la radiación solar en el punto focal genera un intenso calor en el tubo receptor. El calor calienta el fluido caloportador a altas temperaturas.
- **Transferencia de calor:** el fluido caloportador caliente circula desde el punto de concentración a través de un sistema de tuberías hacia un intercambiador de calor.
- **Generación de vapor:** en el intercambiador de calor, el calor del fluido caloportador se utiliza para calentar un líquido de trabajo adicional, generalmente agua, y convertirlo en vapor. Este vapor se genera a alta presión.
- **Generación de electricidad:** el vapor a alta presión se dirige hacia una turbina, donde su energía cinética se convierte en energía mecánica. La turbina está conectada a un generador, que convierte la energía mecánica en electricidad.
- **Condensación y recirculación:** después de pasar por la turbina, el vapor se enfría en un condensador, volviendo a su estado líquido. El líquido se recircula para calentarse nuevamente en el proceso.
- **Almacenamiento de calor:** algunas plantas de energía solar termoeléctrica incorporan sistemas de almacenamiento de calor que permiten retener el calor durante el día para generar electricidad durante la noche o en condiciones nubladas.

- **Distribución de electricidad:** la electricidad generada se distribuye a la red eléctrica para su uso en hogares, empresas y otras aplicaciones.
- **Monitorización y control:** los sistemas de energía solar termoeléctrica requieren un sistema de control y monitoreo para regular la concentración solar, la temperatura y otros parámetros del proceso.

 PARA SABER MÁS

En Fuentes de Andalucía (Sevilla, España) se ubica la primera planta termoeléctrica comercial (Gemasolar) en el mundo, que combina una torre central receptora con un sistema de almacenamiento térmico en sales fundidas, permitiendo la generación de electricidad incluso en ausencia de radiación solar. Para saber más acerca de este proyecto, puedes acceder desde aquí:

https://redirectoronline.com/enae019po0202

 ACTIVIDAD COMPLEMENTARIA

2. Una consultora eléctrica debe realizar un informe técnico sobre las diferentes instalaciones solares termoeléctricas que se encuentran operando a nivel mundial.

   En base a esto, busca información sobre dos instalaciones solares termoeléctricas que estén funcionando actualmente.

 **TAREA 2**

Macarena y su equipo de Energía Viva han sido invitados al Congreso Internacional sobre Sostenibilidad de Edificios, donde deben presentar una propuesta para instalar un sistema de energía solar térmica y termoeléctrica en un hotel rural ubicado en una zona soleada y con pocas opciones de energía convencional. El hotel tiene dos principales necesidades energéticas: calefacción y producción de electricidad.

Deberás elegir el tipo de tecnología más adecuada para resolver estas necesidades y justificar su elección. Para ello, deben diseñar una solución energética utilizando energía solar térmica para calefacción y energía solar termoeléctrica para generar electricidad.

4. Resumen

La energía solar térmica es una tecnología que aprovecha la radiación solar para generar calor, usado en calentar agua, calefacción y procesos industriales. A diferencia de la solar fotovoltaica, que produce electricidad, esta tecnología captura el calor del sol mediante colectores solares. Un sistema solar térmico está compuesto por:

Una instalación solar térmica está compuesta por:

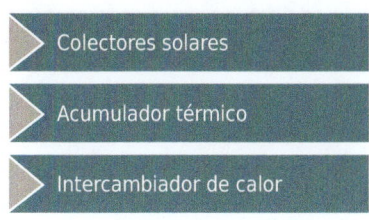

Continúa en página siguiente >>

<< Viene de página anterior

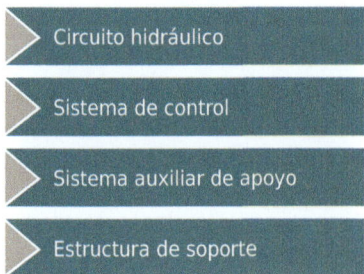

Circuito hidráulico

Sistema de control

Sistema auxiliar de apoyo

Estructura de soporte

La energía solar térmica ofrece una amplia variedad de aplicaciones en sectores residenciales, comerciales e industriales. Su gran adaptabilidad permite utilizarla en diferentes situaciones:

Aplicaciones domésticas

Aplicaciones en el sector servicios

Aplicaciones industriales

Calefacción y refrigeración solar

El sistema de energía solar térmica opera a partir de conceptos sencillos, aunque requiere un conjunto específico de elementos que aseguren una captación eficiente de la energía solar, su adecuada transferencia y un óptimo aprovechamiento del calor generado:

Captación de la energía solar

Transferencia del calor captado

Almacenamiento del calor

Distribución y aplicación

Apoyo del sistema auxiliar

La energía solar termoeléctrica transforma el calor solar en electricidad mediante vapor de agua que acciona turbinas. A diferencia de la fotovoltaica, que convierte directamente la luz en electricidad, esta tecnología ofrece una alternativa sostenible para generar energía. Existen cuatro tecnologías principales en este campo, cada una con características particulares que determinan su eficiencia, coste y aplicaciones:

La energía solar termoeléctrica tiene múltiples aplicaciones útiles:

Los sistemas solares termoeléctricos convierten la radiación solar en electricidad mediante un proceso térmico que involucra varios pasos bien integrados:

Ejercicios de autoevaluación
Unidad de Aprendizaje 2

1. **Completa la siguiente frase:**

   a. La energía solar térmica puede integrarse fácilmente en _____ existentes.

2. **Indica si la siguiente oración es verdadera o falsa: "La función del circuito auxiliar en una instalación solar térmica es captar la radiación solar".**

   - Verdadero
   - Falso

3. **¿Qué tipo de colector solar es más eficiente en climas fríos o con baja radiación solar?**

   a. Colector plano
   b. Colector cilindro-parabólico
   c. Colector de tubos de vacío
   d. Disco parabólico

4. **¿Cuál es una ventaja de la energía solar termoeléctrica?**

   a. Ofrece energía gestionable.
   b. Produce gases contaminantes.
   c. Ofrece mayor eficiencia en climas fríos.
   d. Implica una baja inversión inicial.

5. **Indica si la siguiente oración es verdadera o falsa: "El acumulador térmico es el elemento encargado de almacenar el calor captado por los colectores solares".**

   - Verdadero
   - Falso

6. Completa la siguiente frase:

   a. La torre solar utiliza _____ para concentrar la radiación solar y generar energía termoeléctrica.

7. ¿Qué aplicación permite producir agua potable usando energía solar termoeléctrica?

   a. Calentamiento de piscinas
   b. Producción de hidrógeno
   c. Desalinización de agua
   d. Refrigeración por absorción

8. Completa la siguiente frase:

   a. Gracias a la energía solar térmica se puede llegar a cubrir el _____ y el _____ de la demanda de agua caliente sanitaria y calefacción.

9. Indica si la siguiente oración es verdadera o falsa: "La inversión inicial en una instalación solar térmica se suele recuperar entre 2 y 5 años".

   ■ Verdadero
   ■ Falso

10. ¿Cuál es la función del fluido caloportador en una planta solar termoeléctrica?

   a. Generar directamente electricidad a partir de la radiación solar.
   b. Almacenar el vapor generado durante el día.
   c. Transportar el calor desde el concentrador solar hasta el intercambiador de calor.
   d. Convertir el calor en energía cinética dentro de la turbina.

Energía solar fotovoltaica

Contenido

Objetivos

El objetivo general de esta Unidad de Aprendizaje es:

→ Analizar los fundamentos de la energía solar fotovoltaica.

Los objetivos específicos de esta Unidad de Aprendizaje son:

→ Diferenciar entre instalación solar fotovoltaica aislada y conectada a red.

→ Analizar la estructura y el funcionamiento de un panel solar para producir electricidad.

→ Conocer los diferentes usos de las instalaciones solares fotovoltaicas.

→ Comprender cómo se aplica el autoconsumo fotovoltaico.

1. Introducción

La energía solar fotovoltaica representa una alternativa limpia y sostenible frente a los métodos tradicionales de generación eléctrica basados en combustibles fósiles. Su capacidad para transformar la luz solar en electricidad de manera directa, mediante semiconductores, la convierte en una de las tecnologías más prometedoras en el futuro. Esta tecnología no solo se aplica en grandes centrales conectadas a la red eléctrica, sino también en sistemas aislados que funcionan de manera autónoma. Gracias a su adaptabilidad, puede ser utilizada tanto en el autoconsumo doméstico como en proyectos industriales. La energía solar fotovoltaica permite que comunidades remotas o en desarrollo accedan a una fuente de energía limpia, promoviendo su autonomía energética y su desarrollo local. Incluso en contextos urbanos, los hogares pueden convertirse en productores de energía, consumiendo lo que generan e inyectando el excedente a la red eléctrica.

En esta unidad seguiremos analizando el caso de Macarena, que pretende abrir el abanico de la investigación en el proyecto europeo RENEWEU, por lo que su equipo y ella se centrarán en la energía solar fotovoltaica.

2. Energía solar fotovoltaica en instalaciones aisladas y conectadas a la red

 **HILO CONDUCTOR**

Antes de analizar en profundidad la energía solar fotovoltaica para el proyecto RENEWEU, Macarena pide a sus compañeros que investiguen los diferentes tipos de instalaciones solares fotovoltaicas que existen actualmente, así como su funcionamiento y los componentes que las conforman.

La energía solar fotovoltaica es una tecnología en constante evolución, que ha ganado protagonismo en las últimas décadas por su eficiencia, su bajo impacto ambiental y su potencial para reducir la dependencia de fuentes de energía contaminantes.

DEFINICIÓN

Energía solar fotovoltaica

Es una forma de energía renovable que se obtiene al convertir la luz del sol directamente en electricidad mediante dispositivos llamados paneles solares fotovoltaicos.

Gracias a su versatilidad, la energía solar fotovoltaica puede aplicarse tanto en grandes plantas generadoras como en instalaciones residenciales, comerciales o rurales. En función de su conexión o no con la red eléctrica, existen dos **tipos de instalaciones:**

Aislada	Conectada a la red
- Son sistemas diseñados para funcionar de manera completamente independiente de la red eléctrica. Su uso es especialmente valioso en ubicaciones remotas, como zonas rurales, refugios de montaña, estaciones de observación, instalaciones agropecuarias o comunidades sin acceso a la infraestructura eléctrica. - En estos contextos, donde extender la red sería costoso o técnicamente inviable, estas instalaciones ofrecen una solución práctica, sostenible y autónoma. Una de las principales características y desafíos de las instalaciones aisladas es su autosuficiencia. Al no estar conectadas a una red que pueda complementar la producción energética, deben dimensionarse cuidadosamente para cubrir toda la demanda energética del usuario, incluso en días nublados o durante la noche.	- También conocidas como sistemas *on-grid,* son aquellas que están integradas directamente en la red eléctrica. A diferencia de los sistemas aislados, estas instalaciones no requieren baterías para el almacenamiento de energía, ya que pueden consumir la electricidad generada al instante o, si existe un excedente, verterla a la red eléctrica. Una de sus principales ventajas es la posibilidad de aprovechar el sistema de medición neta *(net metering),* que permite al usuario compensar el consumo energético con la energía solar que ha producido y no utilizado, generando ahorros significativos en la factura eléctrica. Este sistema convierte a los consumidores en prosumidores, es decir, en productores y consumidores de energía al mismo tiempo. Estas soluciones son ideales para viviendas, edificios comerciales o instalaciones industriales ubicadas en zonas con acceso a la red, y su instalación suele ser más simple y económica que la de los sistemas aislados, ya que no necesitan componentes de almacenamiento.

 **VÍDEO**

En el siguiente vídeo podrás ver brevemente las diferencias entre una instalación solar fotovoltaica conectada a red y una aislada. Accede a él desde aquí:

https://redirectoronline.com/enae019po0301

2.1. Funcionamiento de una instalación solar fotovoltaica

El funcionamiento de una instalación solar fotovoltaica, ya sea aislada o conectada a red, se basa en el mismo principio: capturar la energía del sol mediante paneles solares y convertirla en electricidad. Sin embargo, su forma de operar y gestionar la energía varía según el tipo de sistema.

La energía solar fotovoltaica es capaz de transformar en electricidad la radiación solar captada.

Funcionamiento de una instalación solar fotovoltaica aislada

En una instalación aislada, los paneles solares generan corriente continua, que pasa por un regulador de carga encargado de proteger y optimizar el proceso de carga de las baterías, donde se almacena la energía. Posteriormente, un inversor convierte la corriente continua almacenada en corriente alterna para alimentar directamente los dispositivos eléctricos.

Dado que no está conectada a la red eléctrica, toda la energía debe producirse y almacenarse localmente, por lo que el sistema debe estar cuidadosamente dimensionado para cubrir el consumo incluso en días nublados o por la noche. Este tipo de instalación es ideal para lugares remotos sin acceso a la red.

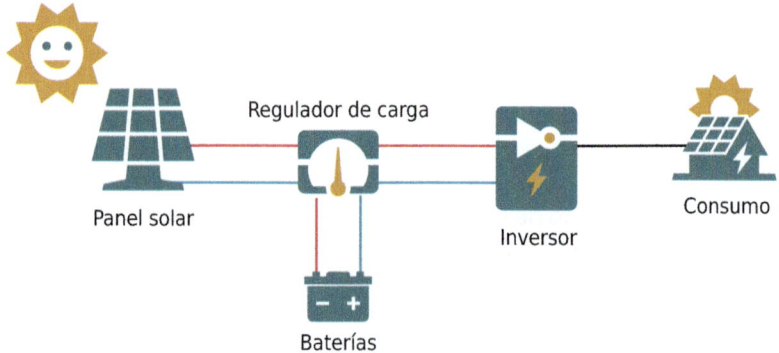

Esquema de funcionamiento de una instalación solar fotovoltaica aislada
Fuente: Elaboración propia

Una instalación solar fotovoltaica aislada presenta una variedad de **ventajas,** aunque también tiene **inconvenientes:**

Ventajas ✓	Inconvenientes ✗
- **Autonomía energética:** ideal para alimentar casas rurales, estaciones meteorológicas, sistemas de riego, refugios o equipos de telecomunicación en lugares aislados. - **Independencia total:** el usuario es completamente independiente tanto de las compañías eléctricas como de la red eléctrica, lo que es fundamental en lugares donde esta no llega o su acceso es muy costoso. - **Uso sostenible:** al generar y consumir su propia energía, se reduce significativamente la huella de carbono y se promueve el uso de fuentes renovables. - **Estabilidad de costes:** no se está sujeto a cambios de tarifas eléctricas ni a cortes de suministro por parte de la empresa distribuidora.	- **Alta inversión inicial:** las baterías de almacenamiento de energía tienen un elevado coste. - **Dependencia del almacenamiento:** si el sistema no está bien dimensionado o hay muchos días sin sol, se corre el riesgo de quedarse sin energía. - **Mantenimiento exigente:** las baterías tienen una vida útil limitada y requieren cuidados especiales para mantener su eficiencia. - **Consumo limitado:** es necesario ajustar el consumo energético a la capacidad del sistema. Un aumento de demanda puede requerir ampliaciones costosas.

Funcionamiento de una instalación solar fotovoltaica conectada a red

En una instalación conectada a red, los paneles solares también generan corriente continua, que es convertida a corriente alterna por un inversor. Sin embargo, en este caso, la electricidad se puede consumir directamente o, si hay excedente, se inyecta a la red eléctrica mediante un medidor bidireccional, que contabiliza la energía exportada y la importada. Este tipo de sistema no requiere baterías, ya que utiliza la red como respaldo en momentos de baja producción solar. Además, permite reducir la factura eléctrica y participar en esquemas de compensación energética como el *net metering*.

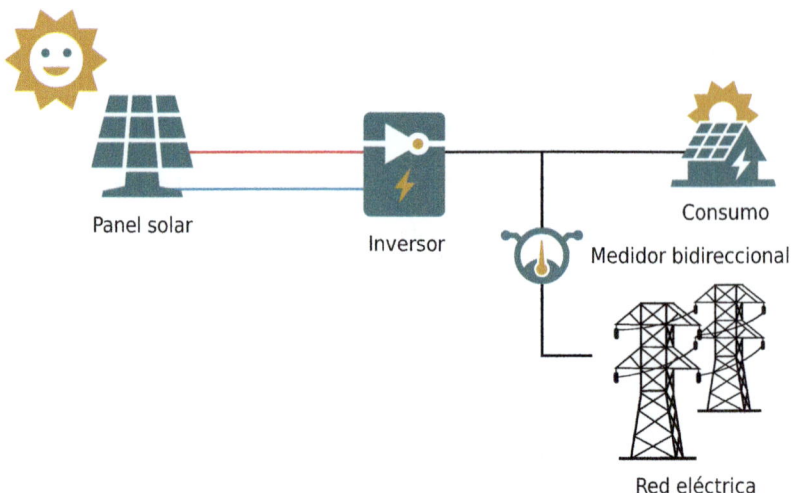

Panel solar

Inversor

Consumo

Medidor bidireccional

Red eléctrica

Esquema de funcionamiento de una instalación solar fotovoltaica aislada
Fuente: Elaboración propia

 **DEFINICIÓN**

Net metering

Es un sistema que permite a los usuarios que generan su propia energía eléctrica compensar el consumo de energía de la red eléctrica con la energía que ellos mismos han producido.

Una instalación solar fotovoltaica conectada a red presenta una variedad de **ventajas e inconvenientes:**

Ventajas ✓	Inconvenientes ✗
- **Reducción de la factura eléctrica:** al generar parte de la energía consumida (o toda), se reduce notablemente el importe a pagar. Además, se puede vender el excedente mediante el sistema *net metering*. - **No emplea baterías:** la red actúa como respaldo, lo que reduce el coste inicial y simplifica el mantenimiento del sistema. - **Mayor eficiencia global:** toda la energía generada es aprovechada de forma inmediata o enviada a la red, evitando pérdidas de almacenamiento. - **Incentivos y subvenciones:** en muchos países, hay ayudas económicas para instalaciones conectadas a red.	- **Dependencia de la red eléctrica:** si hay un corte en la red, el sistema deja de funcionar por seguridad, salvo que se disponga de un sistema híbrido con baterías. - **Trámites y burocracia:** requiere licencias, inspecciones, contratos de compensación de excedente y adecuarse a normativas locales. - **No apta para zonas sin red:** solo puede instalarse en lugares con acceso a la infraestructura eléctrica. - **Variabilidad en las tarifas de compensación:** en algunos lugares, la remuneración por el excedente puede no ser muy rentable o variar con el tiempo.

2.2. Componentes de una instalación solar fotovoltaica

Para garantizar un correcto funcionamiento se requiere del uso de componentes bien dimensionados. Estos **componentes** son:

- **Panel solar:** capturan la radiación solar y la transforman en electricidad en forma de corriente continua a través del efecto fotoeléctrico. Son el núcleo del sistema y deben dimensionarse según la demanda energética del lugar. La conversión de la radiación solar en corriente eléctrica tiene lugar en la célula fotovoltaica. Una célula fotovoltaica es un dispositivo formado por una lámina de material semiconductor, cuyo grosor varía entre los 0,25 mm y los 0,35 mm, generalmente de forma cuadrada, con una superficie de aproximadamente 100 cm^2.
- **Regulador de carga:** se emplean en instalaciones solares aisladas. Regula el flujo de energía desde los paneles hacia las baterías. Su función es evitar sobrecargas o descargas profundas que puedan dañar el sistema de almacenamiento. Existen modelos PWM y MPPT, siendo estos últimos más eficientes. Se emplean en instalaciones solares aisladas.

El regulador monitorea constantemente la tensión de la batería. Cuando dicha tensión alcanza un valor para el cual se considera que la batería se encuentra cargada (aproximadamente 14,1 V para una batería de 12 V nominales), el regulador interrumpe el proceso de carga. Cuando el consumo hace que la batería comience a descargarse y, por lo tanto, a bajar su tensión, el regulador reconecta el generador a la batería y vuelve a comenzar el ciclo.

- **Baterías:** se emplean en instalaciones solares aisladas. Acumulan el excedente de energía generada durante el día para su uso en la noche o en días nublados. Se utilizan principalmente baterías de plomo-ácido o de litio, seleccionadas en función de la capacidad requerida y la durabilidad deseada. Una batería se compone esencialmente de dos electrodos sumergidos en un electrolito donde se producen las reacciones químicas debidas a la carga o descarga. La mayoría de las baterías son similares en su construcción y están compuestas por un determinado número de celdas electroquímicas. El voltaje o tensión de la batería viene dado por el número de celdas que posea, siendo el voltaje de cada celda de 2 V. Las baterías se pueden conectar en serie, en paralelo y en serie-paralelo.

- **Inversor:** se usa tanto en instalaciones solares aisladas como conectadas a red. En las conectadas a red pueden gestionar el flujo bidireccional de energía. Se basa en el uso de dispositivos electrónicos que actúan como interruptores que permiten interrumpir y conmutar su polaridad. Así, convierte la corriente continua de las baterías o los paneles en corriente alterna, necesaria para alimentar los electrodomésticos y equipos eléctricos convencionales.

- **Sistema de montaje:** sostiene los paneles con la orientación e inclinación óptima para maximizar la captación solar. Algunos ya están diseñados por los propios fabricantes, lo que facilita su elección y montaje, aunque puede darse el caso de que la instalación requiera de una solución no estandarizada. En cualquier caso, deben tenerse en cuenta aspectos relativos a resistencia de materiales, dilataciones térmicas, transferencias de cargas, estanqueidad, etc. Existen dos tipos de sistemas de montaje: **fijos** (el panel solar permanece siempre en la misma posición) y **móviles** (permiten, mediante la instalación del adecuado sistema de seguimiento, que el módulo gire para optimizar su posición en relación con la posición del sol).

- **Cables, conexiones y protecciones eléctricas:** las instalaciones solares fotovoltaicas deben utilizar materiales resistentes a condiciones climáticas extremas y, por ello, se recomienda el uso de cables especiales como el tipo PV ZZ-F, diseñados específicamente para aplicaciones solares. Es fundamental contar con protecciones eléctricas tanto en corriente continua como en alterna, para prevenir cortocircuitos, sobrecargas o electrocuciones. Estas protecciones incluyen interruptores, fusibles, protectores contra sobretensiones y equipos de medida que permiten operar con seguridad y conforme a la normativa vigente.

⮕ **Medidor bidireccional:** se emplean en instalaciones solares conectadas a red. Miden tanto la energía que se consume de la red como la que se inyecta. Permiten calcular la compensación o el pago por el excedente de electricidad solar generada.

⮕ **Conexión a la red eléctrica:** se emplean en instalaciones solares conectadas a red. Es el punto de enlace entre la instalación fotovoltaica y la red pública. Permiten el uso de energía de la red cuando no hay suficiente generación solar y la exportación del excedente.

3. Energía solar fotovoltaica en la producción de electricidad

 HILO CONDUCTOR

Energía Viva ha visto cómo funcionan los dos tipos de instalaciones solares fotovoltaicas. Han comprobado que el componente principal es el panel solar. Por ello, se van a centrar en analizar su estructura y en cómo produce electricidad a partir de la radiación solar captada.

En el contexto actual de transición energética, la energía solar fotovoltaica se ha convertido en una de las principales alternativas para la generación de electricidad limpia, sostenible y descentralizada. Su crecimiento se debe tanto a la abundancia del recurso solar como a los avances tecnológicos, que han reducido los costes de producción, mejorado la eficiencia de los sistemas y aumentado su accesibilidad a todos los niveles: desde instalaciones residenciales hasta grandes parques solares.

La base del funcionamiento de los sistemas fotovoltaicos es el efecto fotovoltaico, descubierto por el físico francés Alexandre-Edmond Becquerel en 1839, que permite transformar directamente la luz solar en energía eléctrica mediante materiales semiconductores.

 **DEFINICIÓN**

Efecto fotoeléctrico

Se produce cuando la radiación solar incide sobre materiales semiconductores y se desencadena una liberación de electrones que genera una corriente eléctrica continua.

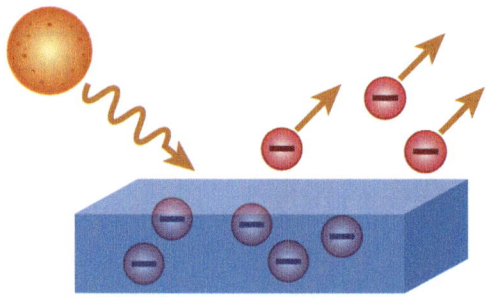

Los paneles solares funcionan gracias al efecto fotoeléctrico.

 **VÍDEO**

En el siguiente vídeo verás cómo se produce el efecto fotoeléctrico, accede desde aquí:

https://redirectoronline.com/enae019po0302

Los paneles solares son conjuntos de células fotovoltaicas. Estas están formadas por diferentes **tecnologías,** que son:

➲ **Paneles solares de silicio cristalino.** Los paneles de silicio cristalino son, sin duda, los más comunes y representan casi el 90 % del mercado actual. Existen dos tipos principales dentro de esta categoría:

◑ **Silicio cristalino:** los paneles monocristalinos están hechos de una sola pieza de silicio puro. Este tipo de panel es conocido por su eficiencia superior debido a la alta calidad de su cristal. Suelen tener un color uniforme oscuro y esquinas redondeadas. Además, son ideales para espacios limitados, ya que generan más energía por metro cuadrado en comparación con otras tecnologías. Por ejemplo, un panel monocristalino puede lograr una eficiencia del 20 al 22 %, lo que los hace idóneos para aplicaciones en techos residenciales donde el espacio es un problema. No obstante, son más costosos, debido a su complejo proceso de fabricación, que requiere un mayor grado de purificación del silicio.

◑ **Silicio policristalino:** los paneles de silicio policristalino se fabrican a partir de múltiples fragmentos de silicio fundidos juntos, lo que brinda una apariencia azulada y cristalina. Son más fáciles y económicos de producir que los monocristalinos, aunque su eficiencia generalmente es menor, y fluctúa entre el 15 y el 17 %. Estos paneles son una excelente opción para instalaciones en lugares más amplios donde el coste es un factor determinante. A pesar de su menor eficiencia, el mejoramiento gradual en la fabricación y la economía de escala han mantenido los paneles policristalinos como una opción viable para muchos proyectos.

➲ **Paneles solares de película delgada.** La tecnología de película delgada contempla una serie de métodos que utilizan capas semiconductoras delgadas depositadas sobre superficies como vidrio, plástico o metal. Existen varios tipos de células solares de película delgada:

◑ **Teluro de cadmio (CdTe):** es la tecnología de película delgada más representativa y generalmente la más económica de instalar. Su fabricación es menos costosa que la del silicio cristalino. Sin embargo, su eficiencia es también algo menor, con un rendimiento alrededor del 10 al 12 %. Esta tecnología es ampliamente utilizada en configuraciones a gran escala, como las plantas de energía solar. Una ventaja significativa del CdTe es su capacidad para reducir el deslumbramiento, lo que puede ser importante en ciertas aplicaciones arquitectónicas y comerciales.

ʊ **Cobre, indio, galio y selenio (CIGS):** son conocidos por su eficiencia superior en comparación con otros tipos de película delgada, alcanzando cepas entre el 12 y el 14 %. Su flexibilidad es otra gran ventaja, ya que les permite adaptarse a superficies curvas y livianas, lo que los convierte en una opción atractiva para aplicaciones innovadoras y pioneras. Aunque su fabricación es más cara que la de CdTe, su uso se extiende a nichos del mercado donde su versatilidad es muy valorada, como en vehículos solares y dispositivos portátiles de generación de energía.

ʊ **Silicio amorfo (a-Si):** es una forma de tecnología de silicio no cristalino que se deposita en capas ultrafinas. Aunque su eficiencia es baja, alrededor del 7 al 10 %, es significativamente más barata de producir y puede ser aplicada en situaciones donde se requieren diseños livianos y flexibles.

➲ **Paneles solares multiunión.** Son una evolución avanzada de las células solares tradicionales. En lugar de tener una sola capa de material semiconductor, tienen varias capas apiladas, y cada una de estas capas está diseñada para absorber una parte específica del espectro de luz solar. Esto permite aprovechar mejor la energía disponible del sol. Están compuestas por varias uniones p-n hechas de diferentes materiales semiconductores. Cada capa "filtra" la luz y deja pasar el resto al siguiente nivel, lo que minimiza pérdidas de energía. Se logran eficiencias que superan el 40 % en condiciones de laboratorio, frente al 18-22 % típico de los paneles comerciales actuales.

➲ **Paneles solares Perovskita.** Están hechos con materiales que imitan la estructura cristalina. Lo que los hace especiales es que se pueden fabricar fácilmente, incluso con técnicas de impresión o en soluciones líquidas, lo que abre la puerta a procesos de bajo coste y alto rendimiento. Son materiales sintéticos basados en una fórmula general tipo ABX3. Son ligeros, semitransparentes y pueden adaptarse a superficies flexibles o integrarse en ventanas. Han pasado de eficiencias del 3 % a eficiencias del 25-26 % en menos de 15 años.

➲ **Paneles solares bifaciales.** Están diseñados para capturar la radiación solar en ambos lados del panel, aumentando así la cantidad total de energía generada. Están fabricados a partir de células de silicio cristalino y se instalan típicamente con una cierta elevación sobre el suelo para maximizar la captación de la luz reflejada desde el suelo u otras superficies. El principal beneficio de los paneles bifaciales es el aumento de la generación de energía, que puede ser entre un 10 y un 20 % más en comparación con los paneles monofaciales tradicionales. Sin embargo, requieren una instalación más técnica y ajustes especiales para maximizar la captación de luz bifacial.

➲ **Passivated emitter and rear cell (PERC).** Es una tecnología que mejora la eficiencia de los paneles monocristalinos y policristalinos al agregar una capa adicional en la parte trasera de la célula solar. Esta capa pasiva mejora la captura de la luz solar y reduce la pérdida de electrones, aumentando así la salida de energía. Utilizando tecnología PERC, es posible lograr eficiencias del 21 al 23 %, combinando el estándar del silicio monocristalino con innovaciones adicionales para obtener mejores resultados. Su uso es cada vez más popular en aplicaciones residenciales y comerciales, favoreciendo las inversiones en áreas con limitaciones espaciales.

➲ **Heterojunction solar cells (HJT).** Las células solares de heterounión combinan capas de silicio cristalino con capas de silicio amorfo (a-Si), uniendo lo mejor de ambos mundos. Aprovechan las excelentes propiedades de conversión del silicio cristalino y la capacidad de reflexión y pasivación de defectos de las capas delgadas de a-Si. La tecnología HJT permite alcanzar eficiencias superiores al 24 % y, gracias a su función optimizada de temperatura, ha provocado que se consideren altamente atractivas para climas cálidos. Aunque todavía son una opción costosa, su desempeño las convierte en candidatas ideales para su uso en instalaciones que requieren alta eficiencia y una buena relación temperatura-rendimiento.

Hay diversos **factores** relacionados con el diseño y las condiciones de operación de las células fotovoltaicas que afectan a la eficiencia energética. Algunos de estos factores son:

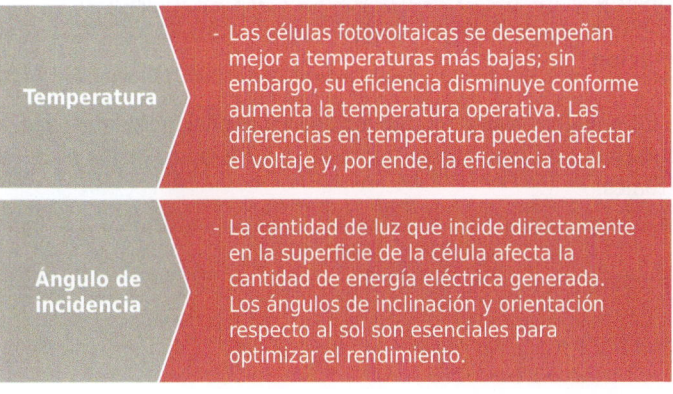

Temperatura - Las células fotovoltaicas se desempeñan mejor a temperaturas más bajas; sin embargo, su eficiencia disminuye conforme aumenta la temperatura operativa. Las diferencias en temperatura pueden afectar el voltaje y, por ende, la eficiencia total.

Ángulo de incidencia - La cantidad de luz que incide directamente en la superficie de la célula afecta la cantidad de energía eléctrica generada. Los ángulos de inclinación y orientación respecto al sol son esenciales para optimizar el rendimiento.

Continúa en página siguiente >>

<< Viene de página anterior

Irradiancia solar	- La irradiación solar directa es variable conforme se cambia de ubicación y estación del año. La irradiancia es un componente esencial en la producción de energía, ya que aumenta la cantidad de fotones disponibles para generar electricidad.
Sombreado y limpieza	- Objetos que proyectan sombra sobre los paneles afectan negativamente la generación de electricidad, aun cuando la fracción sombreada sea minúscula. Asimismo, el polvo y suciedad acumulada pueden reducir la cantidad de luz absorbida.

APLICACIÓN PRÁCTICA

Óliver, vecino de Macarena, ha estado hablando con ella sobre su idea de instalar panales solares fotovoltaicos en su segunda residencia (una casa rural en las afueras de la ciudad). Óliver conoce las investigaciones del grupo de Macarena y le ha preguntado sobre las últimas innovaciones. Por tanto, le gustaría saber qué tipo de panel solar es más conveniente utilizar para mantener una eficiencia alta en su situación. ¿Podrías ayudarlo a elegir el tipo de panel?

Solución

En los paneles solares multiunión se logran eficiencias que superan el 40 % en condiciones de laboratorio, frente al 18-22 % típico de los paneles comerciales actuales.

4. Energía solar fotovoltaica para su uso en el mismo lugar de producción (instalaciones aisladas de la red eléctrica) o su inyección en las líneas de red eléctrica

☞ HILO CONDUCTOR

Una vez comprendido el funcionamiento de los componentes que forman las instalaciones solares fotovoltaicas aisladas y conectadas a red, Macarena cree que es hora de analizar los diferentes usos reales que tienen estas instalaciones.

La energía solar fotovoltaica presenta una enorme versatilidad, y sus aplicaciones se expanden constantemente gracias a la mejora tecnológica y a la creciente conciencia sobre la sostenibilidad. Sus sistemas pueden destinarse tanto al autoconsumo, donde la energía generada se usa en el mismo lugar donde se produce, como a la inyección en la red, permitiendo el vertido de energía para su comercialización o compensación.

A continuación, se detallan los principales **usos y aplicaciones de las instalaciones solares fotovoltaicas aisladas:**

Viviendas rurales
- **Aplicación:** abastecimiento eléctrico autónomo en zonas sin conexión a la red.
- **Usos específicos:** iluminación, frigorífico, bomba de agua, sistemas de calefacción o refrigeración de bajo consumo, carga de dispositivos electrónicos.

Agricultura y ganadería
- **Aplicación:** suministro de energía a explotaciones agrícolas y ganaderas.
- **Usos específicos:** bombas de riego, alimentación de maquinaria ligera, cercas eléctricas, control climático en invernaderos, cámaras de vigilancia, sensores ambientales.

Continúa en página siguiente >>

<< Viene de página anterior

Telecomunicaciones
- **Aplicación:** energía para antenas, repetidores o estaciones de comunicación en zonas remotas.
- **Usos específicos:** sistemas de radio, redes móviles, internet rural, estaciones de transmisión.

Estaciones meteorológicas
- **Aplicación:** suministro de energía a estaciones de monitoreo ambiental.
- **Usos específicos:** alimentación de sensores climáticos, transmisión de datos en tiempo real, iluminación de seguridad.

Sistemas de señalización
- **Aplicación:** provisión de energía a elementos de seguridad y orientación vial.
- **Usos específicos:** señales de tráfico, semáforos solares, farolas autónomas, balizas en carreteras o zonas costeras.

Ahora, se detallan los principales **usos y aplicaciones de las instalaciones solares fotovoltaicas conectadas a red:**

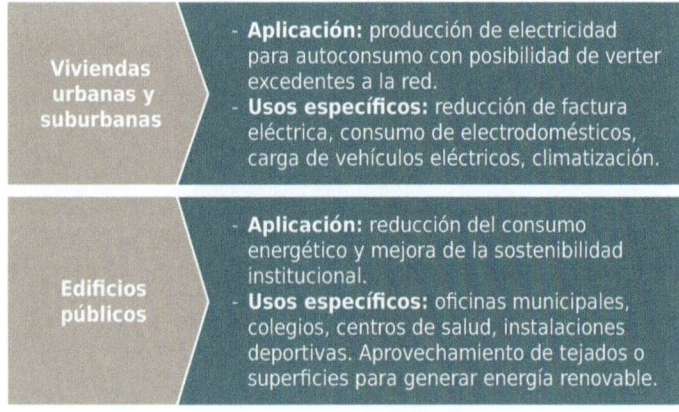

Viviendas urbanas y suburbanas
- **Aplicación:** producción de electricidad para autoconsumo con posibilidad de verter excedentes a la red.
- **Usos específicos:** reducción de factura eléctrica, consumo de electrodomésticos, carga de vehículos eléctricos, climatización.

Edificios públicos
- **Aplicación:** reducción del consumo energético y mejora de la sostenibilidad institucional.
- **Usos específicos:** oficinas municipales, colegios, centros de salud, instalaciones deportivas. Aprovechamiento de tejados o superficies para generar energía renovable.

Continúa en página siguiente >>

<< Viene de página anterior

Empresas y fábricas	- **Aplicación:** autoconsumo industrial con compensación de excedentes o venta parcial. - **Usos específicos:** alimentación de líneas de producción, sistemas de climatización industrial, iluminación de naves, carga de maquinaria o vehículos logísticos.
Instalaciones solares a gran escala	- **Aplicación:** generación de energía para su venta directa a la red. - **Usos específicos:** inyección de electricidad al mercado eléctrico, proyectos de inversión renovable, abastecimiento de ciudades.
Estaciones de recarga para vehículos eléctricos	- **Aplicación:** suministro sostenible de energía para la movilidad eléctrica. - **Usos específicos:** estaciones de carga en autopistas, parkings de empresas o centros comerciales, estaciones públicas urbanas.

 ## ACTIVIDAD COMPLEMENTARIA

3. España es un país que en los últimos años ha apostado fuerte por las instalaciones solares fotovoltaicas, ya que cuenta con bastantes provincias que tienen una alta radiación solar durante casi todo el año.

En base a esto, busca información sobre las instalaciones solares fotovoltaicas más importantes de tu zona y elabora un listado con las más importantes y sus características.

5. Energía solar fotovoltaica: autoconsumo

☞ HILO CONDUCTOR

Macarena le pide a su equipo un último esfuerzo sobre la investigación de la energía solar fotovoltaica. Por ello, les solicita que indaguen en el concepto de autoconsumo dentro de las instalaciones solares fotovoltaicas.

El autoconsumo en sistemas de energía solar fotovoltaica hace referencia al uso de la electricidad generada por paneles solares para abastecer directamente el consumo energético de un usuario, ya sea en una vivienda, una empresa o una institución. Esto significa que la energía solar captada por los paneles fotovoltaicos se transforma en electricidad que se utiliza *in situ*, es decir, en el mismo lugar donde se produce o en sus inmediaciones, reduciendo la necesidad de recurrir a la red eléctrica convencional. El autoconsumo apuesta por la generación distribuida, donde cada usuario puede convertirse en productor de su propia energía, con los beneficios económicos y medioambientales que ello conlleva.

Hay diferentes **tipos de autoconsumo:**

➲ **Autoconsumo sin excedentes.** Es aquel en el que toda la energía generada por los paneles solares se consume dentro de la propia instalación, sin que se vierta a la red eléctrica. Para ello, se emplean dispositivos de control llamados sistemas de antivertido, que limitan la producción del inversor a la demanda instantánea del usuario.
Esta modalidad es especialmente útil para quienes desean evitar trámites con la compañía distribuidora o no están interesados en compensar su excedente. Su principal ventaja es la simplicidad legal y técnica, pero también implica una limitación: si no hay consumo en el momento de la generación, la energía se desaprovecha. Es común en pequeños negocios o instalaciones industriales que concentran su consumo en horas de sol.
➲ **Autoconsumo con excedentes.** Permite que la energía que no se consume de forma inmediata se vierta a la red eléctrica. Esta energía sobrante puede ser compensada mediante dos mecanismos. El más habitual es el sistema de compensación simplificada, que consiste en restar el valor de la energía vertida del total de la factura eléctrica, sin generar ingresos directos. La otra opción es vender esa energía excedente a la red mediante acuerdos con comercializadoras, lo que implica una gestión algo más compleja.

Esta modalidad es muy rentable para viviendas o negocios con producción solar superior al consumo durante parte del día, ya que aprovecha mejor la inversión en paneles fotovoltaicos y reduce aún más la dependencia energética.

⊃ **Autoconsumo compartido.** Es una modalidad en crecimiento que permite a varios consumidores beneficiarse de una misma instalación fotovoltaica. Esto es especialmente útil en comunidades de vecinos, edificios residenciales o polígonos industriales donde no todos los usuarios tienen espacio individual para colocar paneles. La energía generada se reparte entre los participantes según un acuerdo previo, que puede establecerse por porcentajes fijos o por consumo en tiempo real.

Aunque requiere una mayor coordinación y puede implicar más complejidad legal y técnica, el autoconsumo compartido permite democratizar el acceso a la energía solar y aprovechar mejor el espacio disponible, haciendo posible que incluso quienes viven en pisos puedan beneficiarse de la energía renovable.

Como cualquier innovación, el autoconsumo presenta tanto beneficios destacables como desafíos técnicos, económicos y normativos que deben considerarse para garantizar su implementación eficaz y sostenible. Algunas de sus **ventajas e inconvenientes** son las siguientes.

⊃ **Ventajas:**

◊ **Reducción de la factura eléctrica:** al generar parte o toda la electricidad consumida, se reduce considerablemente el gasto mensual.

◊ **Protección frente a la subida de precios:** menor exposición a la volatilidad del mercado eléctrico convencional.

◊ **Incentivos económicos:** subvenciones, deducciones fiscales y líneas de financiación pública que hacen más asequible la inversión inicial.

◊ **Revalorización de inmuebles:** las viviendas con autoconsumo suelen tener mayor valor de mercado por su eficiencia energética.

◊ **Fomento del empleo local:** instalación, mantenimiento y fabricación de sistemas fotovoltaicos generan puestos de trabajo y desarrollo económico.

◊ **Reducción de emisiones contaminantes:** menor dependencia de combustibles fósiles, lo que disminuye las emisiones de CO_2 y otros gases de efecto invernadero.

◊ **Uso de recursos renovables:** el sol es una fuente inagotable y limpia.

◊ **Impacto ambiental reducido:** bajo impacto en todo su ciclo de vida (producción, uso y reciclaje).

◊ **Ahorro de agua:** los sistemas fotovoltaicos no requieren agua para su funcionamiento, a diferencia de muchas plantas térmicas convencionales.

◊ **Empoderamiento energético:** mayor autonomía y control del consumidor sobre su energía.

◊ **Concienciación ambiental:** los proyectos de autoconsumo suelen ir acompañados de iniciativas educativas y de sensibilización.

◊ **Impulso a la sostenibilidad comunitaria:** facilita modelos colaborativos como el autoconsumo compartido en comunidades de vecinos.

◊ **Efecto multiplicador:** el ahorro puede reinvertirse en mejoras energéticas adicionales (baterías, eficiencia energética, etc.).

⊃ **Inconvenientes:**

◊ **Coste inicial:** aunque el precio ha bajado en los últimos años, la inversión sigue siendo considerable, sobre todo si se incluyen baterías.

◊ **Dependencia de la radiación solar:** la producción de energía está sujeta a la ubicación geográfica, las condiciones meteorológicas y la orientación de los paneles.

◊ **Almacenamiento:** para usar la energía en horas sin sol, se requieren sistemas de baterías, que aún suponen un coste adicional importante.

◊ **Requisitos técnicos y normativos:** trámites administrativos, conexión a red, permisos municipales y cumplimiento de normativas técnicas pueden resultar complejos sin asesoría.

◊ **Mantenimiento y vida útil:** aunque bajo, el mantenimiento es necesario (limpieza, revisión de inversores, etc.). Además, componentes como las baterías tienen una vida útil limitada.

◊ **Interacción con la red:** en instalaciones con excedentes, es clave asegurar una integración segura y eficiente con la red eléctrica mediante sistemas de control y gestión energética.

 TAREA 3

Macarena, como responsable de Energía Viva, le propone a Natalia que inicie una investigación para su doctorado. Indica que el supermercado SuperSol tiene la intención de instalar un sistema fotovoltaico en su tejado para reducir su dependencia energética y mejorar su imagen como empresa sostenible. Este supermercado está abierto desde las 9:00 hasta las 21:00.

Deberás analizar qué tipo de instalación solar fotovoltaica sería más adecuada para SuperSol. Reflexiona sobre los beneficios económicos que podría obtener, así como las ventajas medioambientales. Finalmente, valora qué impacto podría tener esta apuesta por la sostenibilidad en la comunidad y en su clientela.

6. Resumen

La energía solar fotovoltaica es una tecnología en constante evolución que ha cobrado gran relevancia en las últimas décadas gracias a su eficiencia, su bajo impacto ambiental y su capacidad para disminuir la dependencia de fuentes de energía contaminantes. Su gran versatilidad permite su aplicación tanto en grandes plantas de generación como en entornos residenciales, comerciales o rurales. Además, según su relación con la red eléctrica, las instalaciones pueden clasificarse en:

El funcionamiento de una instalación solar fotovoltaica, ya sea aislada o conectada a red, se basa en captar la energía solar mediante paneles y transformarla en electricidad. Cada tipo responde a distintas necesidades y condiciones, siendo esencial un correcto dimensionamiento de sus componentes para asegurar su eficiencia:

La energía solar fotovoltaica destaca como una solución clave en la transición hacia una generación eléctrica más limpia y descentralizada. Su auge se debe a la abundancia del recurso solar y a los avances tecnológicos que han mejorado su eficiencia y reducido costes.

Los paneles solares son conjuntos de células fotovoltaicas. Estas están formadas por diferentes tecnologías:

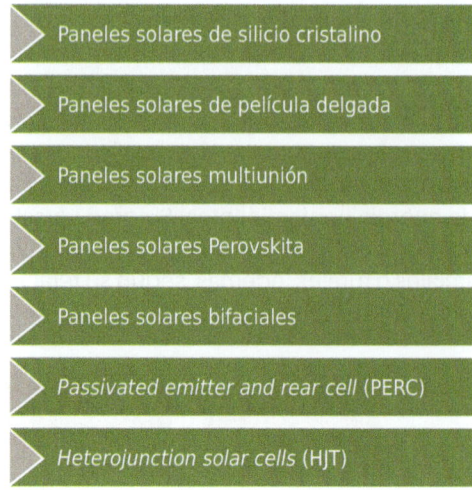

Hay diversos factores relacionados con el diseño y las condiciones de operación de las células fotovoltaicas que afectan a la eficiencia energética:

La energía solar fotovoltaica presenta una enorme versatilidad, y sus aplicaciones se expanden constantemente gracias a la mejora tecnológica y a la creciente conciencia sobre la sostenibilidad. A continuación, se detallan los principales usos y aplicaciones de las instalaciones solares fotovoltaicas aisladas:

Ahora, se detallan los principales usos y aplicaciones de las instalaciones solares fotovoltaicas conectadas a red:

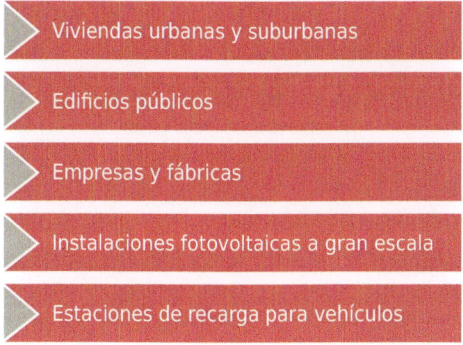

El autoconsumo en sistemas de energía solar fotovoltaica consiste en utilizar la electricidad generada por paneles solares para cubrir directamente las necesidades energéticas del propio usuario. Este modelo de generación distribuida permite consumir la energía en el mismo lugar donde se produce, reduciendo la dependencia de la red eléctrica convencional y aportando beneficios tanto económicos como ambientales. Hay diferentes tipos de autoconsumo:

Autoconsumo sin excedentes	Autoconsumo con excedentes	Autoconsumo compartido

Ejercicios de autoevaluación
Unidad de Aprendizaje 3

1. ¿Qué componente es esencial en una instalación solar fotovoltaica aislada para almacenar energía y garantizar el suministro en días nublados o durante la noche?

   a. Medidor bidireccional
   b. Baterías
   c. Inversor
   d. Panel solar

2. ¿Cuál es una ventaja principal de una instalación solar fotovoltaica conectada a la red en comparación con una aislada?

   a. Es totalmente independiente de la red eléctrica.
   b. Funciona sin necesidad de inversor.
   c. Es ideal para zonas sin acceso a la red eléctrica.
   d. No requiere baterías.

3. Completa la siguiente frase:

   a. En una instalación solar fotovoltaica conectada a la red, el _____ permite medir la energía consumida de la red y la inyectada a esta, facilitando el sistema de compensación como el *net metering.*

4. Indica si la siguiente oración es verdadera o falsa: "En una instalación solar fotovoltaica conectada a la red, el sistema puede seguir funcionando durante un corte de la red eléctrica sin necesidad de baterías".

   ■ Verdadero
   ■ Falso

5. ¿Qué tipo de panel solar es conocido por su alta eficiencia (20-22 %) y es ideal para espacios limitados debido a su mayor generación de energía por metro cuadrado?

   a. Silicio monocristalino
   b. Silicio policristalino
   c. Película delgada (CdTe)
   d. Silicio amorfo

6. Completa la siguiente frase:

   a. Los paneles solares de _____ son conocidos por su alta eficiencia, superior al 24 %, al combinar capas de silicio cristalino con silicio amorfo.

7. Indica si la siguiente oración es verdadera o falsa: "El efecto fotovoltaico permite transformar directamente la luz solar en energía eléctrica mediante materiales semiconductores".

   ■ Verdadero
   ■ Falso

8. ¿Qué función cumple el regulador de carga en una instalación solar fotovoltaica aislada?

   a. Convertir corriente continua en corriente alterna.
   b. Medir la energía vertida a la red eléctrica.
   c. Ajustar la inclinación de los paneles solares.
   d. Proteger y optimizar la carga de las baterías.

9. Completa la siguiente frase:

   a. En una instalación solar fotovoltaica, el _____ convierte la corriente continua generada por los paneles o almacenada en las baterías en corriente alterna para uso en electrodomésticos.

10. ¿Qué modalidad de autoconsumo permite a varios consumidores beneficiarse de una misma instalación fotovoltaica, como en comunidades de vecinos?

    a. Autoconsumo sin excedentes
    b. Autoconsumo con excedentes
    c. Autoconsumo compartido
    d. Autoconsumo aislado

Energía eólica

Contenido

Objetivos

El objetivo general de este Unidad de Aprendizaje es:

→ Conocer el papel de la energía eólica dentro del contexto de las energías renovables.

Los objetivos específicos de esta Unidad de Aprendizaje son:

→ Comprender qué es la energía eólica y cuáles son sus principales características.

→ Identificar los elementos que intervienen en el aprovechamiento de la energía eólica.

→ Analizar el proceso de generación de energía eólica y sus aplicaciones prácticas.

→ Reconocer los principales impactos ambientales y sociales asociados a la energía eólica.

1. Introducción

La energía eólica se ha consolidado como una de las fuentes renovables más importantes para un desarrollo sostenible, gracias a su capacidad de generar electricidad limpia a partir del viento y con un impacto ambiental mucho menor que el de los combustibles fósiles.

A lo largo de la historia, el viento ha sido aprovechado por el ser humano, primero en navegación y molienda, y hoy mediante sofisticados aerogeneradores que convierten la energía cinética del aire en electricidad. Estos sistemas, agrupados en parques eólicos terrestres y marinos, permiten un aprovechamiento eficiente del recurso eólico.

Sin embargo, su crecimiento debe ir acompañado de un enfoque responsable, especialmente en lo que respecta a la protección del entorno natural. La afección a aves y murciélagos es una preocupación ambiental relevante que exige soluciones innovadoras y políticas sostenibles. Por ello, el desarrollo de esta fuente energética debe contemplar tanto beneficios sociales y económicos como la preservación ecológica. Estudiar la energía eólica implica comprender su evolución técnica, sus aplicaciones actuales y sus retos futuros dentro del panorama energético global.

En esta unidad seguiremos con el caso de Macarena. Tras aprender sobre la energía solar térmica y fotovoltaica, quiere conocer la energía eólica para poder aplicarla en la investigación del proyecto europeo RENEWEU.

2. Energía eólica: características, elementos, formas de funcionamiento y uso

 HILO CONDUCTOR

Macarena quiere saber cómo aprovechar el viento para producir electricidad. Por tanto, le pide a su equipo que investigue todo lo relacionado con la energía eólica para poder aplicarlo en RENEWEU.

La energía eólica ha acompañado al ser humano desde hace milenios, aprovechando la fuerza del viento para impulsar embarcaciones, mover molinos y, en tiempos más recientes, generar electricidad. Esta fuente renovable ha evolucionado desde simples estructuras mecánicas hasta convertirse en una de las tecnologías más avanzadas y sostenibles del panorama energético actual.

La energía eólica es una alternativa muy empleada para generar electricidad.

 **DEFINICIÓN**

Energía eólica
Fuente de energía renovable que se obtiene al aprovechar la fuerza del viento para generar electricidad.

- -

A continuación, se presenta una línea del tiempo que recoge los **hitos** más importantes en la **historia de la energía eólica:**

- **3000 a. C.** → Los antiguos egipcios comienzan a utilizar velas para aprovechar el viento como fuerza motriz en la navegación fluvial, especialmente en el Nilo. Es el primer uso documentado del viento como fuente de energía.
- **Siglo VII** → Aparecen los primeros molinos de viento verticales, empleados para moler grano e irrigar campos. Se extendieron rápidamente por el mundo islámico.
- **Siglos XII-XV** → Durante la Edad Media, los molinos de viento se popularizan en Europa, especialmente en los Países Bajos, donde se usan para

drenar tierras, moler trigo y realizar trabajos mecánicos como aserrar madera o prensar semillas.

⊃ **1887** → El escocés James Blyth construye el primer aerogenerador para producir electricidad, iluminando su casa. Paralelamente, Charles F. Brush desarrolla un aerogenerador en Ohio (EE. UU.), capaz de alimentar una mansión con baterías de respaldo.

⊃ **1930-1940** → Surgen prototipos más avanzados en EE. UU. y la URSS. En Yalta, se instala un generador eólico de 100 kW, uno de los más potentes de su época.

⊃ **1973** → Durante la crisis del petróleo, se pone en evidencia la necesidad de fuentes alternativas. Se incrementa la inversión en energía eólica. Dinamarca se posiciona como líder mundial en el desarrollo de aerogeneradores modernos.

⊃ **1980-1990** → Se desarrolla el diseño de turbinas tripala, más eficiente y resistente, que se convierte en el estándar. Aumenta la inversión en parques eólicos, sobre todo en Europa y Estados Unidos.

⊃ **1990-2020** → La capacidad eólica mundial crece de forma exponencial: de menos de 7,5 GW a más de 650 GW. Los costes bajan y la eficiencia mejora. La energía eólica se consolida como una de las principales fuentes renovables del planeta.

⊃ **Actualidad** → Surgen tecnologías como los aerogeneradores flotantes para instalación en aguas profundas. Se desarrollan turbinas de más de 10 MW. La digitalización, la inteligencia artificial y los nuevos materiales impulsan la eficiencia y fiabilidad del sector.

2.1. Características

La energía eólica presenta una serie de características que la convierten en una alternativa clave frente a los combustibles fósiles. Algunas de sus **características** más importantes son:

⊃ **Renovable e inagotable:** la energía eólica se genera a partir del viento, un recurso natural que no se agota con su uso. Mientras haya diferencias de temperatura y presión en la atmósfera, el viento seguirá existiendo.

⊃ **Limpia y sin emisiones contaminantes:** no produce gases de efecto invernadero ni residuos tóxicos durante su operación. Esto la convierte en una herramienta clave en la lucha contra el cambio climático.

⊃ **Gratuita y autóctona:** el viento es un recurso gratuito y disponible en muchos territorios, lo que reduce la dependencia energética de fuentes externas o importadas.

⊃ **Intermitente y variable:** su producción depende de la velocidad y constancia del viento, que pueden fluctuar a lo largo del día o del año. Esto hace necesaria su integración con otras fuentes de energía o sistemas de almacenamiento.

- **Modular y escalable:** pueden instalarse desde pequeñas turbinas para autoconsumo hasta grandes parques eólicos conectados a la red eléctrica nacional.
- **Tecnología madura y en constante evolución:** la industria eólica ha avanzado mucho en eficiencia, diseño y costes. Las turbinas modernas son más silenciosas, eficientes y duraderas.
- **Genera empleo y desarrollo local:** desde la fabricación hasta la operación y mantenimiento, la energía eólica genera puestos de trabajo y puede dinamizar económicamente áreas rurales o despobladas.

 **VÍDEO**

En el siguiente vídeo podrás conocer las ventajas y desventajas de la energía eólica. Accede desde aquí:

https://redirectoronline.com/enae019po0401

2.2. Elementos

Para aprovechar de manera eficiente el potencial del viento, se desarrollan los **parques eólicos.** Son agrupaciones de aerogeneradores instalados en una misma zona con el objetivo de generar energía eléctrica a partir del viento de forma masiva. Un parque eólico requiere de los siguientes **elementos:**

- **Aerogeneradores:** son el núcleo del parque. Convierten la energía cinética del viento en electricidad mediante el movimiento de sus palas y el generador interno.

⊃ **Torres:** son estructuras que elevan los aerogeneradores a alturas óptimas para captar vientos más constantes y potentes. Pueden ser de acero, hormigón o mixtas.

⊃ **Cimentación y base:** sostienen la torre con firmeza al terreno. Diseñadas para resistir grandes fuerzas de viento y torsión, varían según el tipo de suelo.

⊃ **Subestación eléctrica:** transforma la electricidad generada a alta tensión para su transporte a la red general. Incluye transformadores y sistemas de protección.

⊃ **Cableado:** une los aerogeneradores entre sí y con la subestación. Generalmente es subterráneo, para protegerlo y reducir el impacto visual.

⊃ **Sistemas de control y automatización:** monitorizan y gestionan en tiempo real el estado de las turbinas, el viento y otros parámetros. Permiten ajustes automáticos y control remoto.

⊃ **Vías de acceso e infraestructuras auxiliares:** caminos internos y accesos para permitir la instalación, el mantenimiento y la operación segura del parque.

⊃ **Estaciones meteorológicas:** registran datos clave, como velocidad y dirección del viento, temperatura y presión. Son vitales para operar y planificar el rendimiento del parque.

⊃ **Sistemas de seguridad:** incluyen cámaras, sensores, luces de señalización (especialmente en zonas aéreas) y protocolos de seguridad para proteger el equipo y al personal.

⊃ **Medidas de protección ambiental:** estrategias para minimizar el impacto sobre fauna, flora y comunidades locales. Incluyen estudios de impacto y planes de mitigación adaptados.

 ## ACTIVIDAD COMPLEMENTARIA

4. El uso de energía eólica está aumentando en España con el paso de los años. Es verdad que España es un país con un clima seco en la mayoría de su territorio, pero sí hay zonas en las que se podría aprovechar el viento para la generación de electricidad.

En base a esto, busca información en https://globalwindatlas.info/en/ sobre la velocidad media que hay en tu provincia y justifica si sería rentable la instalación de un parque eólico.

Continúa en página siguiente >>

<< Viene de página anterior

Accede desde aquí:

https://redirectoronline.com/enae019po0402

Los **aerogeneradores** son componentes esenciales en los parques eólicos, ya que se encargan de transformar la energía cinética del viento en energía eléctrica. Un aerogenerador está compuesto por diferentes **elementos:**

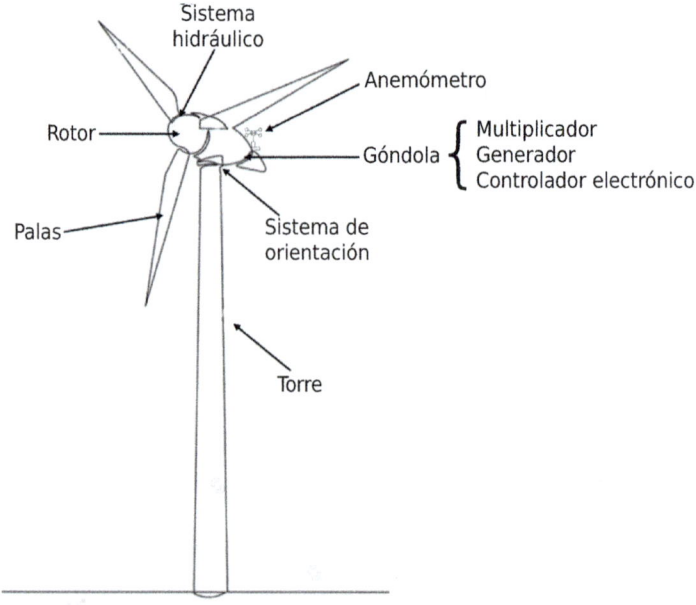

Partes de un aerogenerador. Fuente: Elaboración propia

 **VÍDEO**

En el siguiente vídeo podrás conocer las diferentes partes que forman un aerogenerador. Accede desde aquí:

https://redirectoronline.com/enae019po0403

Existen diversos tipos de aerogeneradores, cuya elección depende de factores como el diseño, la localización y la capacidad de generación. Cada tipo presenta características únicas que lo hacen más o menos adecuado según el contexto en que se utilice. Algunos de los **tipos** más importantes son:

- **Aerogeneradores de eje horizontal (HAWT).** Son los más comunes y eficientes. Su diseño, similar al de los molinos modernos, tiene un eje paralelo al suelo y requiere estar orientado hacia el viento. Están compuestos por torre, góndola y rotor con palas (usualmente tres). Funcionan mediante sustentación aerodinámica: el viento hace girar las palas, transmitiendo energía al generador a través de una caja de engranajes. Están altamente desarrollados tecnológicamente, y son adecuados para parques eólicos a gran escala, pero requieren estructuras robustas, sistemas de orientación y tienen un alto coste inicial. Presentan buen rendimiento, pero también impacto visual, ruido y dependencia del viento.
- **Aerogeneradores de eje vertical (VAWT).** Tienen el eje perpendicular al suelo y no necesitan orientación al viento, lo que los hace ideales para zonas urbanas o con vientos variables. Sus componentes están cerca del suelo, lo cual facilita el mantenimiento. Los diseños más comunes son el Darrieus (sustentación) y el Savonius (arrastre). Aunque son más simples y discretos, tienen menor eficiencia, dificultades de arranque en algunos modelos y menor desarrollo tecnológico. No obstante, están ganando interés gracias a su bajo impacto visual y a las mejoras en materiales y control.
- **Aerogeneradores Darrieus y Savonius.** El Darrieus emplea palas curvas en forma de C que giran por el principio de sustentación. Este modelo es eficaz en vientos de diversas direcciones, pero requiere una fuente

externa para arrancar. Por otro lado, el Savonius, basado en el arrastre, utiliza palas en forma de S y es ideal para zonas con vientos bajos, aunque su eficiencia es menor.

- **Aerogeneradores *offshore*.** Estos aerogeneradores se instalan en el mar y suelen ser de eje horizontal. Se colocan sobre estructuras fijas o flotantes. Aprovechan los vientos más fuertes y constantes del entorno marino, lo que mejora su eficiencia y reduce interferencias físicas. No obstante, implican altos costes de instalación y mantenimiento, y presentan complicaciones logísticas para su construcción y operación.

- **Aerogeneradores *onshore*.** Instalados en tierra firme, estos aerogeneradores ofrecen ventajas como facilidad de acceso, menores costes logísticos y estructurales. Sin embargo, están más expuestos a obstáculos geográficos que pueden afectar la calidad del viento, y suelen generar mayor impacto visual y sonoro en áreas pobladas.

- **Aerogeneradores micro y pico.** Diseñados para pequeñas demandas energéticas, estos modelos son ideales para zonas remotas sin acceso a la red eléctrica. Son económicos, fáciles de instalar y mantener. Aunque su producción energética es limitada y menos eficiente en condiciones de viento inestable, resultan útiles para viviendas aisladas, granjas o aplicaciones específicas.

Aerogeneradores de eje horizontal (HAWT)

Aerogeneradores de eje vertical (VAWT)

Aerogeneradores Darrieus y Savonius

Aerogeneradores *offshore*

Aerogeneradores *onshore*

Aerogeneradores *mircro y pico*

2.3. Funcionamiento

Los aerogeneradores son dispositivos diseñados para transformar la energía cinética del viento en energía eléctrica, mediante un proceso que combina principios aerodinámicos y electrodinámicos.

Su **funcionamiento** se divide en varias **etapas,** que van desde la captura del viento hasta la entrega de electricidad a la red:

⮞ **Principios físicos del funcionamiento:**

- **Energía cinética del viento:** el viento posee energía debido a su velocidad y masa en movimiento. Un aerogenerador capta esa energía utilizando sus palas, cuya capacidad de captación depende de la velocidad del viento, la densidad del aire y el área barrida por el rotor.
- **Principios aerodinámicos:** las palas del aerogenerador están diseñadas para generar sustentación, una diferencia de presión que provoca el giro del rotor cuando el viento las atraviesa. Este movimiento rotacional es la base para la conversión de energía.

⮞ **Proceso de conversión de energía:**

- **Captación del viento:** el viento hace girar las palas del rotor, que están unidas al buje (pieza cilíndrica que soporta y permite el giro del eje). Esto inicia la conversión de energía mecánica.
- **Eje de baja velocidad:** la rotación de las palas se transfiere al eje de baja velocidad, que gira lentamente, pero con alto torque.
- **Multiplicador de velocidad:** este dispositivo eleva las revoluciones del eje de baja velocidad a una velocidad mayor, adecuada para el generador.
- **Generador eléctrico:** el eje de alta velocidad acciona el generador, que transforma la energía mecánica en energía eléctrica utilizando el principio de inducción electromagnética.
- **Transformador eléctrico:** la electricidad generada, generalmente en corriente alterna, se transforma a un voltaje adecuado para su transporte y distribución.
- **Transmisión a la red:** finalmente, la energía eléctrica es conducida mediante líneas eléctricas hacia la red para su consumo.

⮞ **Optimización y protección:** para asegurar un funcionamiento eficiente y seguro, los aerogeneradores incorporan varios sistemas:

- **Control del ángulo de las palas:** permite ajustar su inclinación para captar más o menos viento según las condiciones.

◔ **Sistema de orientación:** gira la góndola para que las palas siempre enfrenten la dirección del viento.

◔ **Frenos mecánicos y aerodinámicos:** detienen el rotor en condiciones de viento extremo para evitar daños.

 VÍDEO

En el siguiente vídeo podrás ver cómo funciona un aerogenerador. Accede desde aquí:

https://redirectoronline.com/enae019po0404

 APLICACIÓN PRÁCTICA

Alma, compañera de estudios de Macarena, vive en una zona con poco viento. Alma le ha pedido opinión sobre qué tipo de aerogenerador es ideal instalar en este tipo de zona, aunque su eficiencia sea menor. ¿Podrías ayudarla a elegir una de las siguientes opciones?

- **Darrieu**
- **VAWT**
- ***Offshore***
- **Savonius**

Solución

El aerogenerador Savonius, basado en el arrastre, utiliza palas en forma de S y es ideal para zonas con vientos bajos, aunque su eficiencia es menor.

2.4. Usos

La energía eólica ofrece múltiples aplicaciones en contextos rurales, urbanos e industriales. Algunos de sus **usos** son:

➲ **Generación de electricidad a gran escala.** El uso más extendido de la energía eólica es la producción de electricidad a través de parques eólicos terrestres *(onshore)* o marinos *(offshore)*. Estos parques consisten en agrupaciones de aerogeneradores conectados a la red eléctrica, que suministran energía limpia a ciudades y regiones enteras. Su crecimiento ha sido impulsado por políticas públicas, avances tecnológicos y la necesidad de reducir las emisiones de gases de efecto invernadero.
En muchos países, especialmente en Europa, China, Estados Unidos y América Latina, la energía eólica representa ya una fracción significativa del mix eléctrico. Se considera una de las formas más baratas de generación eléctrica, especialmente en zonas con vientos constantes.

➲ **Electrificación rural y usos descentralizados.** En áreas remotas o aisladas, donde no llega la red eléctrica convencional, las turbinas eólicas a pequeña escala son una solución eficaz y sostenible. Se utilizan para:

  ◑ Proveer energía a viviendas o comunidades rurales.
  ◑ Alimentar bombas de agua para riego agrícola o abastecimiento humano.
  ◑ Cargar baterías o alimentar sistemas autónomos, como estaciones meteorológicas, repetidores de telecomunicaciones o equipos médicos.

Esta descentralización energética mejora la calidad de vida en comunidades aisladas y reduce la dependencia de combustibles fósiles.

➲ **Integración en entornos urbanos.** Aunque en menor medida, se están instalando microturbinas eólicas en edificios, techos o estructuras urbanas como parte de proyectos de arquitectura sostenible. Estas turbinas ayudan a:

  ◑ Reducir el consumo de electricidad de la red.
  ◑ Fomentar la generación distribuida.
  ◑ Complementar otros sistemas renovables, como la energía solar.

Sin embargo, su eficiencia en áreas urbanas puede verse limitada por la turbulencia y obstáculos arquitectónicos, por lo que su implementación debe ser cuidadosamente estudiada.

➲ **Aplicaciones industriales y comerciales.** Cada vez más empresas están optando por contratar energía eólica o instalar turbinas propias para cubrir parte de su consumo energético. Esto se traduce en:

◊ Reducción de costes operativos a largo plazo.

◊ Mejora de la imagen corporativa mediante el uso de energías limpias.

◊ Cumplimiento de objetivos de sostenibilidad ambiental y reducción de huella de carbono.

Sectores como la minería, la agroindustria, la producción de alimentos y las plantas de tratamiento de aguas están adoptando este tipo de soluciones.

➲ **Producción de hidrógeno verde.** Una aplicación emergente de la energía eólica es su uso para alimentar electrolizadores que producen hidrógeno verde, un combustible limpio que puede sustituir al gas natural en sectores como el transporte pesado, la industria química o la siderurgia. Este uso tiene un enorme potencial en el marco de la transición energética global.

La implementación de la energía eólica, como toda tecnología energética, conlleva ciertos **impactos ambientales y sociales** que deben ser cuidadosamente considerados y gestionados; por ello, es importante contemplar posibles **medidas de mitigación** que reduzcan o eviten estos impactos:

➲ **Impactos ambientales:**

◊ **Emisiones de gases de efecto invernadero:** uno de los mayores beneficios ambientales de la energía eólica es su baja huella de carbono. A lo largo de su ciclo de vida las turbinas eólicas generan una fracción mínima de las emisiones asociadas con las plantas de combustibles fósiles, lo que contribuye significativamente a la mitigación del cambio climático.

◊ **Impacto en el paisaje y consideraciones estéticas:** las turbinas eólicas, por su tamaño y presencia visual dominante, pueden alterar el paisaje, especialmente en regiones rurales, turísticas o con valor cultural. La percepción del impacto visual varía entre comunidades, por lo que la selección adecuada del sitio y la integración estética del parque eólico son fundamentales para reducir el rechazo social.

◊ **Impacto acústico:** las turbinas generan dos tipos de ruido: mecánico (por sus componentes internos) y aerodinámico (por el paso del aire sobre las palas). Aunque las tecnologías actuales han logrado reducir considerablemente el ruido, en ciertas áreas cercanas a viviendas puede causar molestias. Es vital realizar estudios acústicos y respetar distancias mínimas de seguridad.

◊ **Impacto sobre la fauna:** uno de los impactos más sensibles es el efecto sobre aves y murciélagos, especialmente por colisiones con las palas de las turbinas. Además, los murciélagos pueden sufrir barotrauma, una afección letal provocada por los cambios de presión cerca de las palas. Especies vulnerables como el águila imperial, el buitre leonado o algunas especies migratorias pueden verse gravemente afectadas.

- **Fragmentación y alteración del hábitat:** la construcción de parques eólicos puede modificar o fragmentar ecosistemas, especialmente en áreas sensibles. El ruido, la presencia humana y el movimiento de las palas pueden ahuyentar a especies animales o alterar sus patrones de comportamiento. Aves que anidan en el suelo, por ejemplo, pueden abandonar zonas cercanas a turbinas.
- **Cambios en el uso del suelo:** aunque los parques eólicos requieren grandes superficies, permiten el uso compartido del terreno (por ejemplo, para agricultura o ganadería), lo que puede mitigar parte del impacto.
- **Impacto sobre la vegetación y el suelo:** durante la fase de construcción, pueden producirse efectos negativos, como la compactación del suelo, la pérdida de vegetación y la alteración del drenaje.

⊃ **Impactos sociales:**

- **Generación de empleo y desarrollo local:** los proyectos eólicos generan oportunidades laborales en fabricación, instalación, mantenimiento y gestión de infraestructuras. También promueven la formación profesional en el ámbito de las energías renovables, lo que puede dinamizar comunidades locales.
- **Seguridad energética y autonomía:** al tratarse de una fuente descentralizada, la energía eólica fortalece la seguridad energética al reducir la dependencia de fuentes fósiles importadas. Esto beneficia tanto a países como a comunidades alejadas de la red principal, donde pequeñas turbinas pueden abastecer necesidades básicas.
- **Aceptación social y participación comunitaria:** un reto importante es lograr la aceptación social de los proyectos eólicos. Los conflictos pueden surgir por la percepción de impactos negativos (ruido, paisaje, fauna), especialmente si las comunidades locales no sienten que participan o se benefician directamente del proyecto.
- **Síndrome de las turbinas eólicas:** aunque no hay consenso científico sobre este fenómeno, algunas personas reportan síntomas como mareos, dolores de cabeza y ansiedad vinculados a la proximidad de turbinas.

⊃ **Medidas de mitigación:** la sostenibilidad de los parques eólicos depende de una planificación y gestión ambiental rigurosa. Algunas estrategias clave son:

- Estudios de impacto ambiental previos rigurosos.

◑ Monitoreo continuo de fauna, hábitat y niveles de ruido.
◑ Diseño inteligente de turbinas que reduzcan el riesgo de colisión.
◑ Planes de restauración ecológica y compensación ambiental.
◑ Políticas públicas y regulaciones que promuevan buenas prácticas y fomenten la innovación en mitigación.

 TAREA 4

Natalia, la doctoranda de Energía Viva, está realizando investigaciones sobre diferentes parques eólicos. Ha encontrado diferentes impactos sobre el medioambiente y la sociedad: emisiones de efecto invernadero, impacto acústico, generación de empleo y desarrollo local, fragmentación del hábitat, síndrome de las turbinas eólicas, impacto en el paisaje, cambios en el uso del suelo, seguridad energética y autonomía, impacto sobre aves y murciélagos, aceptación social, participación comunitaria, compactación del suelo, pérdida de vegetación.

Deberás clasificar estos impactos encontrados por Natalia. Posteriormente, escoge una de las dos clasificaciones y comenta cómo se podrían mitigar los impactos que en ella se incluyen.

- -

3. Resumen

La energía eólica ha sido utilizada por el ser humano desde la antigüedad, inicialmente para la navegación y el funcionamiento de molinos. Con el tiempo, ha evolucionado significativamente hasta convertirse en una tecnología avanzada y clave en la generación de electricidad sostenible.

La energía eólica presenta una serie de características que la convierten en una alternativa clave frente a los combustibles fósiles:

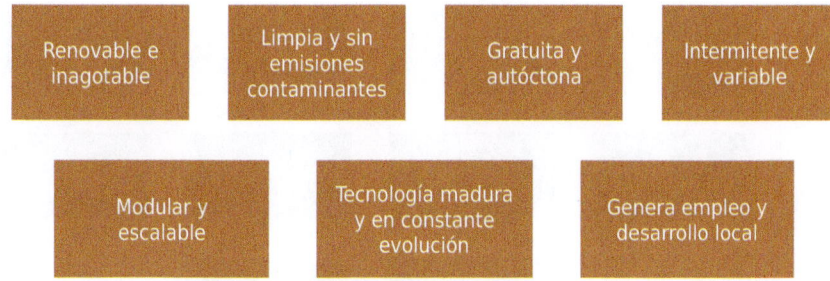

Renovable e inagotable

Limpia y sin emisiones contaminantes

Gratuita y autóctona

Intermitente y variable

Modular y escalable

Tecnología madura y en constante evolución

Genera empleo y desarrollo local

Los parques eólicos son instalaciones formadas por múltiples aerogeneradores ubicados en una misma área para generar electricidad a gran escala a partir del viento. Sus elementos son:

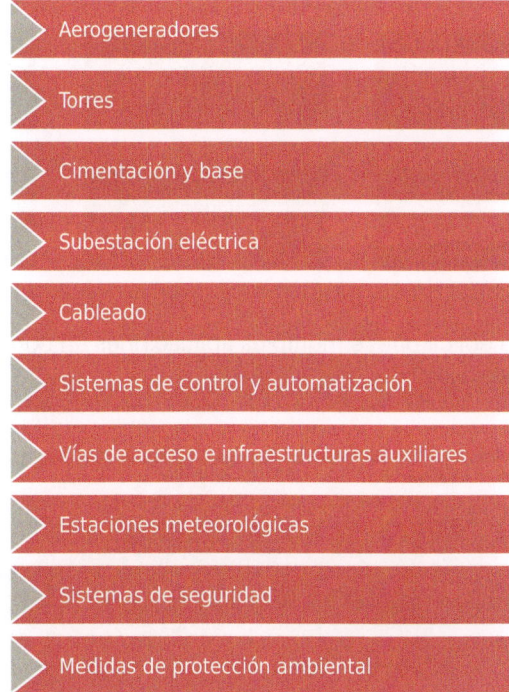

Aerogeneradores

Torres

Cimentación y base

Subestación eléctrica

Cableado

Sistemas de control y automatización

Vías de acceso e infraestructuras auxiliares

Estaciones meteorológicas

Sistemas de seguridad

Medidas de protección ambiental

Los aerogeneradores son componentes esenciales en los parques eólicos, ya que se encargan de transformar la energía cinética del viento en energía eléctrica. Un aerogenerador está compuesto por diferentes elementos:

Existen diversos tipos de aerogeneradores, cuya elección depende de factores como el diseño, la localización y la capacidad de generación:

La energía eólica ofrece múltiples aplicaciones en contextos rurales, urbanos e industriales:

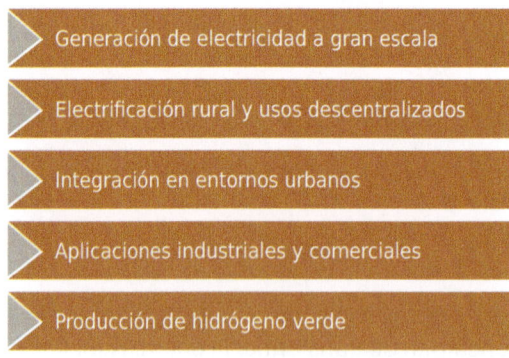

Aunque la energía eólica es una opción renovable y limpia, su implementación implica impactos ambientales y sociales que requieren atención y medidas de mitigación adecuadas:

Impactos ambientales	Impactos sociales	Medidas de mitigación

Ejercicios de autoevaluación
Unidad de Aprendizaje 4

1. Indica si la siguiente oración es verdadera o falsa: "Uno de los impactos de los parques eólicos puede ser la alteración del hábitat natural".

   ■ Verdadero
   ■ Falso

2. ¿Cuál de los siguientes es un uso de la energía eólica en entornos urbanos?

   a. Generar petróleo.
   b. Calentar edificios con gas natural.
   c. Reducir el consumo de electricidad de la red.
   d. Alimentar minas de carbón.

3. ¿Qué sector puede beneficiarse de instalar turbinas propias para reducir su huella de carbono?

   a. Transporte privado
   b. Agroindustria
   c. Pesca artesanal
   d. Turismo rural

4. Completa la siguiente frase:

   a. Un impacto negativo sobre la fauna es la colisión de aves y murciélagos con _____.

5. ¿Qué medida ayuda a mitigar el impacto acústico de los parques eólicos?

   a. Aumentar el número de turbinas.
   b. Colocar turbinas cerca de viviendas.
   c. Usar diseños más silenciosos y mantener distancia.
   d. Poner turbinas más altas.

6. ¿Qué función cumple el regulador de carga en una instalación solar fotovoltaica aislada?

    a. Proveer energía a viviendas en la ciudad.

    b. Alimentar bombas de agua para riego agrícola o abastecimiento humano.

    c. Aumentar la dependencia de combustibles fósiles.

    d. Todas las opciones son correctas.

7. Indica si la siguiente oración es verdadera o falsa: "Las microturbinas eólicas en zonas urbanas funcionan con alta eficiencia".

    ■ Verdadero

    ■ Falso

8. Completa la siguiente frase:

    a. Uno de los beneficios sociales de los parques eólicos es la generación de _____.

9. ¿Qué aplicación emergente tiene la energía eólica?

    a. Producción de hidrógeno verde

    b. Producción de carbón verde

    c. Calentamiento de petróleo

    d. Generación de diésel

10. ¿Cuál es uno de los retos sociales de la energía eólica?

    a. Falta de viento

    b. Rechazo por parte de comunidades locales

    c. Contaminación del agua

    d. Alto consumo de petróleo

Energía hidráulica

Contenido

Objetivos

El objetivo general de esta Unidad de Aprendizaje es:

→ Analizar los principios de la energía hidráulica.

Los objetivos específicos de esta Unidad de Aprendizaje son:

→ Analizar el funcionamiento de una central hidroeléctrica.

→ Aprender las características de los diferentes tipos de centrales hidráulicas.

→ Conocer los diferentes elementos que forman una central hidráulica.

→ Aprender los costes de implantación de una central hidráulica.

1. Introducción

La energía hidráulica es una de las fuentes renovables más antiguas y efica-
ces aprovechadas por la humanidad. Desde los molinos de agua hasta las
modernas centrales hidroeléctricas, ha jugado un papel clave en la evolución del aprovechamiento energético. Utiliza el movimiento del agua, ya sea
de ríos, embalses o corrientes fluviales, para generar electricidad de forma
limpia y eficiente. Su bajo nivel de emisiones y su capacidad de adaptación
a distintas condiciones geográficas la convierten en un pilar esencial de la
transición energética global.

Las centrales hidráulicas ofrecen distintas ventajas según las necesidades
del entorno. Equipadas con turbinas, generadores y transformadores de
alta eficiencia, estas instalaciones permiten un suministro eléctrico estable
y confiable. A pesar de sus altos costes iniciales, su bajo coste operativo a
largo plazo y su valor como fuente de respaldo durante picos de demanda
hacen que la energía hidráulica sea una opción sólida tanto en lo ambiental
como en lo económico. Su desarrollo futuro dependerá de cómo se integre
respetuosamente con los ecosistemas y comunidades locales, representando un equilibrio entre tecnología y sostenibilidad.

En esta unidad seguiremos con el caso de Macarena. Un punto fundamental que tratar en el proyecto europeo RENEWU es la energía hidráulica. Por
ello, el grupo Energía Viva va a investigar este tipo de energía renovable.

2. Principios de su funcionamiento

 HILO CONDUCTOR

Macarena indica a su grupo que, antes de profundizar en la energía hidráulica,
es fundamental conocer el funcionamiento de generación de energía eléctrica
a través del agua de los embalses.

La energía hidráulica es una de las formas más consolidadas y eficientes
de generación de electricidad renovable. Esta energía se basa en el aprovechamiento de la energía potencial del agua en altura que, al descender,
se transforma sucesivamente en energía cinética, mecánica y, finalmente,
eléctrica.

 **DEFINICIÓN**

Energía hidráulica

También conocida como energía hidroeléctrica, es una forma de energía renovable que se obtiene del aprovechamiento del movimiento del agua, ya sea por el flujo de ríos, caídas de aguas naturales o artificiales, o mareas.

Para comprender el **funcionamiento de una central hidroeléctrica,** es esencial entender cómo se recoge el agua, cómo transforma su energía en electricidad y qué componentes intervienen en este proceso:

Conversión de energía
- El proceso se inicia con el almacenamiento de agua en un embalse o lago artificial, donde es retenida por una presa. Esta presa no solo regula el caudal del agua, sino que crea un desnivel o altura de caída, que es esencial para el aprovechamiento energético. Cuanto mayor es la altura y el volumen de agua, mayor es la energía potencial disponible.
- Cuando se libera el agua a través de compuertas, esta desciende por conductos llamados tuberías forzadas hacia la sala de máquinas. Durante este trayecto, la energía potencial se convierte en energía cinética, debido al movimiento acelerado del agua.

Transformación mecánica
- El agua en movimiento impacta sobre una turbina, haciéndola girar. Existen distintos tipos de turbinas (Francis, Pelton, Kaplan, entre otras), cada una diseñada según el caudal disponible y la altura de caída del sitio. La función de la turbina es transformar la energía cinética del agua en energía mecánica rotatoria.

Generación de electricidad
- La turbina está conectada a un generador. Al girar, mueve un rotor en el interior de un campo magnético, induciendo corriente eléctrica alterna en las bobinas del estator. Este principio se basa en la ley de inducción electromagnética de Faraday. Así, la energía mecánica se convierte en energía eléctrica.

Continúa en página siguiente >>

<< Viene de página anterior

Transporte y control
- La electricidad generada se eleva a alta tensión mediante transformadores para su transporte a través de la red eléctrica. Al mismo tiempo, sistemas de control y automatización monitorizan variables como el flujo de agua, la velocidad de rotación, la temperatura de los equipos y la apertura de compuertas, optimizando el funcionamiento y garantizando la seguridad de la instalación.

 **VÍDEO**

En el siguiente vídeo podrás ver cómo se produce energía hidráulica. Accede desde aquí:

https://redirectoronline.com/enae019po0501

3. Tipos de centrales y obra civil

 **HILO CONDUCTOR**

Una vez aprendido cómo se genera electricidad en la energía hidráulica, es necesario conocer las diferentes centrales hidráulicas, así como sus infraestructuras, ventajas y desventajas.

La eficacia y fiabilidad de la energía hidráulica se deben en gran parte a la variedad de configuraciones de centrales hidroeléctricas existentes, las cuales se adaptan a las características geográficas, hidrológicas y energéticas de cada entorno.

Cada tipo de central hidroeléctrica requiere una obra civil específica, no solo para garantizar su funcionamiento eficiente, sino también para minimizar el impacto ambiental y asegurar su integración con el entorno. A continuación, se detallan los principales **tipos de centrales hidroeléctricas,** junto con sus características técnicas y elementos estructurales más relevantes.

3.1. Centrales de embalse

Las centrales hidráulicas de embalse son las más comunes y versátiles, capaces de generar grandes cantidades de electricidad de forma regulada. Se caracterizan por almacenar agua en una gran presa, desde donde se libera según la demanda energética. Presentan las siguientes **características:**

- Almacenamiento de energía mediante el control del caudal.
- Son ideales para garantizar un suministro estable incluso en épocas de sequía.
- Alta capacidad de regulación y respuesta rápida ante la demanda eléctrica.

Las centrales de embalse están **formadas por:**

- **Presa:** puede ser de gravedad, arco o contrafuerte, diseñada para retener grandes volúmenes de agua.
- **Vertederos y válvulas:** controlan el nivel del embalse y la seguridad de la presa.
- **Túneles y canales de aducción:** conducen el agua a las turbinas.
- **Casa de máquinas:** generalmente ubicada en la base de la presa.
- **Infraestructura complementaria:** caminos, estaciones eléctricas, puntos de control.

Tienen las siguientes **ventajas** y **desventajas:**

- **Ventajas:**

  - Capacidad de generar energía bajo demanda.
  - Longevidad de la infraestructura.
  - Posibles usos múltiples del embalse: riego, recreación, control de inundaciones.

⮩ **Desventajas:**

- ☰ Alto impacto ambiental y social.
- ☰ Inundación de ecosistemas y tierras fértiles.
- ☰ Generación de gases si no se controla la descomposición de materia orgánica.

3.2. Centrales de pasada

También conocidas como *run of river,* estas centrales no almacenan agua de forma significativa. Aprovechan directamente el caudal de un río y el desnivel natural del terreno para generar electricidad de forma continua. Presentan las siguientes **características:**

- ⮩ Bajo impacto ambiental.
- ⮩ Producción limitada por el caudal natural.
- ⮩ Funcionamiento más ecológico y armónico con el entorno.

Las centrales de pasada están **formadas por:**

- ⮩ **Obra de toma:** pequeñas presas o diques para desviar el flujo.
- ⮩ **Canales o tuberías de presión:** conducen el agua a las turbinas.
- ⮩ **Casa de máquinas:** compacta, ubicada junto al cauce.
- ⮩ **Sistema de restitución:** devuelve el agua al río.
- ⮩ **Infraestructura de acceso:** caminos o puentes para transporte y mantenimiento.

Tienen las siguientes **ventajas** y **desventajas:**

⮩ **Ventajas:**

- ☰ Mínimo impacto ambiental y paisajístico.
- ☰ No requieren grandes obras de represas.
- ☰ Menor riesgo en caso de fallo estructural.

⮩ **Desventajas:**

- ☰ Dependen del caudal estacional del río.
- ☰ Tienen menor capacidad de regulación energética.
- ☰ Requieren sistemas de protección para fauna acuática.

3.3. Centrales de bombeo

Estas centrales operan como sistemas de almacenamiento energético. Funcionan como generadoras durante las horas pico y como consumidoras cuando hay excedente energético, bombeando agua desde un embalse inferior a uno superior. Presentan las siguientes **características:**

- Sistema de almacenamiento por bombeo reversible.
- Alta eficiencia en la gestión de la red eléctrica.
- Equilibrio entre producción y demanda energética.

Las centrales de bombeo están **formadas por:**

- **Embalse superior e inferior:** situados a diferentes alturas.
- **Conductos de presión/túneles:** transportan el agua en ambos sentidos.
- **Casa de máquinas reversible:** con turbinas-bomba, usualmente subterránea.
- **Sistemas de control avanzados:** para gestión de ciclos de bombeo y generación.

Tienen las siguientes **ventajas** y **desventajas:**

- **Ventajas:**

  - Ideales para almacenamiento de energía renovable.
  - Mejora de la estabilidad de la red eléctrica.
  - Operación flexible y automatizada.

- **Desventajas:**

  - Coste elevado de construcción.
  - Necesidad de doble embalse y terrenos adecuados.
  - Impacto ambiental moderado, aunque menor que en las centrales de embalse.

3.4. Estructura de las centrales

Independientemente del tipo de central, toda instalación hidroeléctrica debe abordar los siguientes **aspectos estructurales.**

Selección del sitio

Se realiza una evaluación detallada de:

- **Topografía:** determina la altura útil y la ubicación óptima de la presa, el canal o el embalse.
- **Geología:** garantiza que el terreno sea estable y adecuado para soportar estructuras pesadas.
- **Hidrología:** analiza el caudal del río, su estacionalidad y la disponibilidad de agua a lo largo del año.
- **Clima:** influye en la evaporación, la erosión y las condiciones de operación de la central.

Se lleva a cabo un análisis de impacto ambiental y social, que permite:

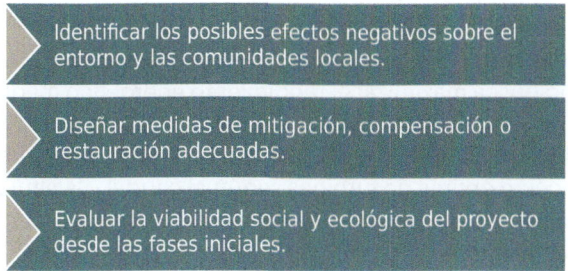

Identificar los posibles efectos negativos sobre el entorno y las comunidades locales.

Diseñar medidas de mitigación, compensación o restauración adecuadas.

Evaluar la viabilidad social y ecológica del proyecto desde las fases iniciales.

Diseño estructural

Las estructuras principales de una central hidroeléctrica incluyen:

- **Presas:** deben ser estables, seguras y capaces de retener grandes volúmenes de agua.
- **Canales, túneles y tuberías forzadas:** deben minimizar pérdidas y resistir presiones elevadas.
- **Casas de máquinas:** albergan turbinas y generadores, por lo que requieren un diseño técnico preciso.

Se emplean **materiales** como:

Hormigón armado
- Ofrece alta resistencia y durabilidad frente a condiciones extremas.

Tierra compactada
- Utilizada en presas de gravedad o zonadas, con ventajas de coste e integración ambiental.

Todas las estructuras deben cumplir con:

➲ Normativas sísmicas, hidráulicas y de seguridad.
➲ Estándares de resistencia frente a inundaciones, terremotos o deslizamientos.

Eficiencia y sostenibilidad

El diseño busca maximizar el rendimiento energético mediante:

➲ Reducción de pérdidas por fricción en conductos y turbinas.
➲ Selección óptima de turbinas según el caudal y la altura disponible.
➲ Automatización y control inteligente del sistema para una operación eficiente.

Se incorporan medidas de sostenibilidad como:

➲ **Corredores ecológicos:** permiten el desplazamiento seguro de la fauna terrestre.
➲ **Escalas de peces:** facilitan la migración de especies acuáticas.
➲ **Sistemas de mitigación ambiental:** pueden ser, por ejemplo, trampas de sedimentos, barreras filtrantes o control de la erosión.

Integración ambiental y paisajística

Se aplican acciones para minimizar el **impacto visual y acústico:**

➲ Uso de colores y materiales naturales en las construcciones (piedra, cubiertas verdes, pintura en tonos tierra).
➲ Diseño subterráneo o parcialmente soterrado de casas de máquinas y subestaciones.
➲ Instalación de barreras acústicas para reducir el ruido en zonas sensibles.

Se llevan a cabo labores de reforestación y restauración ecológica:

> Plantación de especies autóctonas que favorezcan la recuperación del entorno.

> Recuperación del paisaje y de la vegetación ribereña afectada por las obras.

Se implementan **programas de monitoreo ambiental:**

➲ Evaluación continua del impacto real sobre los ecosistemas.
➲ Aplicación de medidas correctivas y adaptativas según los resultados del seguimiento.

NOTA

La central hidroeléctrica más grande del mundo es la denominada Tres Gargantas (Three Gorges Dam). Se encuentra ubicada en el río Yangtsé en China. Tiene una longitud de 2.335 metros y una capacidad instalada de 22.500 MW. Cuenta con 32 turbinas principales de 700 MW cada una. En el año 2020 superó el record de la central de Itaipú alcanzando una producción de 11,8 TWh anual.

La central hidroeléctrica de las Tres Gargantas es la más grande del mundo.

ACTIVIDAD COMPLEMENTARIA

5. Una consultora eléctrica debe realizar un informe técnico sobre las diferentes instalaciones hidroeléctricas que se encuentran operando en España.

En base a esto, busca información sobre dos instalaciones hidroeléctricas que estén funcionando actualmente. Realiza una pequeña investigación y elabora un pequeño resumen sobre cada una de ellas.

---

4. Equipos que intervienen en una central

 HILO CONDUCTOR

Uno de los puntos fuertes de la investigación de Energía Viva es saber qué elementos forman una central hidráulica para poder optimizar el diseño de las centrales hidráulicas en el futuro.

La operación de una central hidroeléctrica requiere de una serie de equipos y dispositivos cuidadosamente diseñados para garantizar un adecuado aprovechamiento del recurso hídrico. Estos equipos actúan en conjunto para convertir la energía potencial del agua en energía eléctrica, manteniendo la eficiencia y la seguridad del proceso. A continuación, se detallan los principales **componentes** y su **funcionamiento** en una central hidroeléctrica:

⊃ **Embalses.** El embalse es una gran acumulación de agua que permite almacenar el recurso hídrico de forma controlada. Su función principal es regular el caudal disponible para la generación de energía, permitiendo el suministro constante a la central hidroeléctrica incluso en épocas de escasez o baja pluviosidad. Además, actúa como una reserva estratégica para el control de crecidas y el abastecimiento de agua con fines agrícolas o urbanos en determinadas regiones.

⊃ **Presa.** La presa es la estructura que contiene el embalse y permite controlar el flujo del agua. Existen distintos tipos según el diseño estructural: las presas de gravedad se sostienen por su propio peso, las de arco transfieren las cargas a los márgenes del valle, y las de contrafuertes distribuyen los esfuerzos mediante pilares inclinados. Su diseño debe garantizar una gran resistencia ante la presión del agua y frente a fenómenos naturales como terremotos o lluvias extremas.

➲ **Rejillas filtradoras.** Las rejillas filtradoras están ubicadas en la entrada de los conductos de admisión y cumplen la función de proteger el sistema hidráulico. Su objetivo es retener sedimentos, ramas, piedras y otros sólidos que puedan dañar las turbinas o generar obstrucciones. Están diseñadas para permitir un flujo constante de agua sin interferencias, facilitando, además, el mantenimiento del sistema al evitar la acumulación de residuos en las etapas posteriores del proceso.

➲ **Conductos de admisión.** Los conductos de admisión conectan el embalse con las tuberías forzadas y son el primer tramo por el que circula el agua hacia la generación de energía. Están cuidadosamente diseñados para evitar fenómenos indeseables como la cavitación, que puede deteriorar los materiales, y para minimizar las pérdidas de carga por fricción. La calidad del diseño hidráulico en esta etapa es clave para asegurar la eficiencia del sistema y la durabilidad de sus componentes.

➲ **Tubería forzada.** Transporta el agua desde los conductos de admisión hasta las turbinas, y es uno de los elementos más críticos del sistema por estar sometido a altas presiones. Estas tuberías deben estar construidas con materiales de gran resistencia, como acero especial u hormigón armado revestido internamente, para soportar las cargas y reducir las pérdidas hidráulicas. Su diseño también considera factores como la pendiente, el diámetro y la sujeción estructural para garantizar un flujo eficiente y seguro.

➲ **Turbinas hidráulicas.** Son los dispositivos encargados de transformar la energía hidráulica del agua en energía mecánica de rotación. Se dividen principalmente en dos tipos: las turbinas de impulso, como la Pelton, que utilizan chorros de agua de alta velocidad dirigidos a cucharas y son ideales para grandes alturas y bajos caudales; y las turbinas de reacción, como las Francis y Kaplan, que aprovechan tanto la presión como la velocidad del agua, y se emplean en situaciones de caudales medios o altos con alturas menores. La elección de la turbina adecuada es fundamental para optimizar el rendimiento del sistema.

➲ **Generadores.** Convierten la energía mecánica transmitida por las turbinas en electricidad, mediante el principio de inducción electromagnética. Están compuestos por un rotor, que gira y genera un campo magnético, y un estator, que produce corriente alterna al interactuar con dicho campo. En las centrales hidroeléctricas se emplean habitualmente generadores síncronos, conocidos por su fiabilidad, alta eficiencia y capacidad de mantener una frecuencia estable en la red.

➲ **Transformadores.** Son esenciales para ajustar la tensión de la electricidad generada a los niveles necesarios para su transporte y distribución. En la central se utilizan transformadores elevadores, que aumentan el voltaje para facilitar la transmisión a largas distancias con mínimas pérdidas energéticas. Posteriormente, en los puntos de consumo, los transformadores de distribución reducen la tensión a niveles seguros y adecuados para el uso doméstico, comercial o industrial.

⬧ **Subestación eléctrica.** Actúa como el centro de control y conexión entre la generación en la central hidroeléctrica y la red de distribución. Está equipada con interruptores, seccionadores, sistemas de protección y medición que permiten gestionar el flujo eléctrico, desconectar partes del sistema en caso de emergencia y asegurar la calidad y estabilidad del suministro. Su correcta operación garantiza que la energía producida llegue de forma eficiente y segura a los usuarios finales.

Elementos que forman una central hidroeléctrica

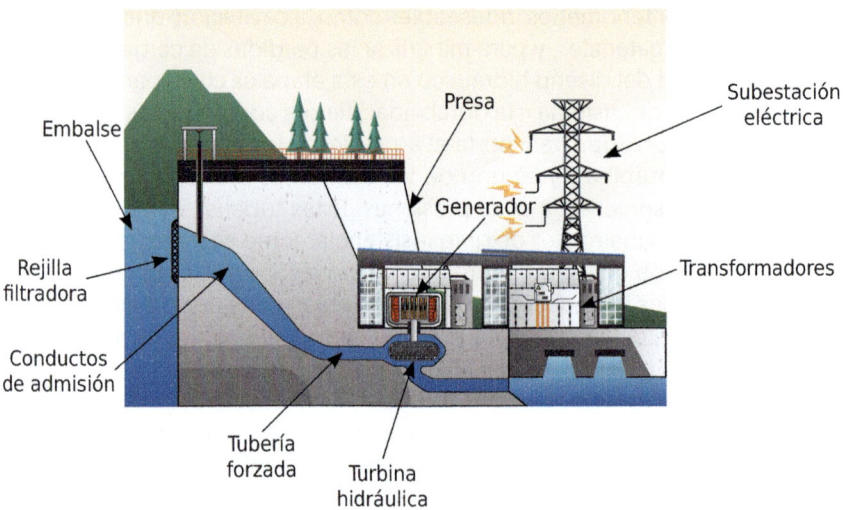

 **APLICACIÓN PRÁCTICA**

Valeria vive en una región montañosa con un río de caudal reducido, pero con un gran desnivel. Quiere saber qué tipo de turbina hidráulica sería más adecuada. ¿Cuál sería la mejor opción?

Solución

La mejor opción en este caso serían las turbinas hidráulicas Pelton, ya que utilizan chorros de agua de alta velocidad y son ideales para grandes alturas y bajos caudales.

5. Costes de implantación

Para poder implementar nuevas centrales hidráulicas según el proyecto europeo RENEWEU es necesario conocer los costes de implantación totales, así como su rentabilidad en el futuro.

- -

La implantación de una central hidroeléctrica representa una inversión sustancial que abarca múltiples fases y dimensiones, tanto técnicas como económicas y sociales. Si bien este tipo de infraestructura ofrece beneficios a largo plazo, su desarrollo inicial implica un conjunto de costes que deben ser minuciosamente analizados. A continuación, se detallan los principales **componentes** que conforman los **costes de implantación:**

🢂 **Estudios de viabilidad.** Antes de iniciar cualquier fase constructiva, es imprescindible llevar a cabo estudios de viabilidad técnica, económica y ambiental. Estos estudios, que pueden representar entre un 10 % y un 15 % del coste total del proyecto, son esenciales para evaluar el potencial hidroeléctrico de un sitio y anticipar los retos que puedan surgir:

  ◑ **Análisis hidrológico:** se evalúa el caudal y su variabilidad estacional.
  ◑ **Estudios ambientales:** se analiza el impacto ecológico y se aseguran los cumplimientos normativos.
  ◑ **Evaluación técnica y económica:** se seleccionan tecnologías adecuadas y se proyecta la rentabilidad del proyecto.

🢂 **Diseño y proyectos de ingeniería.** Los costes de ingeniería, que oscilan entre el 10 % y el 20 % del total, comprenden el diseño de la infraestructura física (presas, embalses, canales) y de los sistemas electromecánicos (turbinas, generadores y transformadores). El diseño adecuado es clave para garantizar la eficiencia energética y la seguridad estructural de la central.

🢂 **Costes de construcción.** La fase constructiva es la más costosa del proyecto, y representa hasta el 60 % del presupuesto total. Incluye:

  ◑ **Obras civiles:** construcción de presas, túneles, canales y estructuras de soporte.

○ **Instalaciones electromecánicas:** montaje de turbinas, generadores, sistemas de control y transformadores, con una incidencia del 15 % al 20 % dentro de esta fase.

⮑ **Licencias y permisos.** Los procesos legales para obtener licencias ambientales, permisos de construcción y autorizaciones de uso del agua pueden implicar costes administrativos considerables. Aunque representan una fracción menor del coste total, son imprescindibles y pueden causar demoras si no se gestionan eficientemente.

⮑ **Impacto social y costes de compensación.** Las centrales hidroeléctricas pueden generar impactos sociales significativos, especialmente en proyectos a gran escala. Por tanto, deben contemplarse costes asociados a:

○ Desplazamiento de comunidades y compensaciones económicas.
○ Programas de desarrollo comunitario, que mejoren infraestructuras locales y servicios básicos.

Estos gastos pueden suponer entre el 5 % y el 10 % del total del proyecto, dependiendo del contexto geográfico y socioeconómico.

⮑ **Costes de operación y mantenimiento (O&M).** Aunque no forman parte directa de la inversión inicial, los costes operativos deben considerarse en la planificación financiera:

○ **Personal operativo:** sueldos, formación y seguros.
○ **Mantenimiento preventivo y correctivo:** preserva la eficiencia de la planta.
○ **Suministros, inspecciones y servicios auxiliares:** aseguran la operatividad continua.

Los costes de O&M son relativamente bajos en comparación con otras fuentes de energía, y representan menos del 5 % de los costes anuales, gracias a la durabilidad y fiabilidad de las instalaciones hidroeléctricas.

⮑ **Consideraciones financieras y rentabilidad.** La financiación de estos proyectos puede provenir de recursos propios, fondos públicos o préstamos multilaterales. El análisis financiero debe considerar:

○ **Estructura de capital y análisis de riesgos.**
○ **Modelos de retorno sobre la inversión:** aunque la inversión inicial es alta, la vida útil de las plantas (superior a 40 años) y sus bajos costes operativos aseguran una elevada rentabilidad a largo plazo.

TAREA 5

Macarena ha reunido a su grupo de investigación en la sala de reuniones y lo ha puesto a prueba. Quiere asegurarse de que los miembros del grupo están realizando bien su trabajo. En una pizarra ha escrito características de los diferentes tipos de centrales hidráulicas.

Deberás clasificar estas características según el tipo de central hidráulica.

Características principales

Almacenamiento de energía mediante el control del caudal	Sistema de almacenamiento por bombeo reversible	Alta eficiencia en la gestión de la red eléctrica
Equilibrio entre producción y demanda energética	Producción limitada por el caudal natural	Funcionamiento más ecológico y armónico con el entorno
Alta capacidad de regulación y respuesta rápida ante la demanda eléctrica	Ideal para garantizar suministro estable incluso en épocas de sequía	Bajo impacto ambiental

6. Resumen

La energía hidráulica, también llamada hidroeléctrica, es una fuente consolidada y eficiente de electricidad renovable. Se basa en aprovechar la energía potencial del agua en altura que, al descender, se convierte en energía cinética, luego mecánica y, finalmente, eléctrica. Esta energía se obtiene del movimiento del agua en ríos, cascadas o mareas.

La eficacia y fiabilidad de la energía hidráulica se deben a la diversidad de tipos de centrales hidroeléctricas, adaptadas a las condiciones geográficas, hidrológicas y energéticas de cada lugar. Existen distintos tipos de centrales, cada una con características técnicas y estructurales particulares:

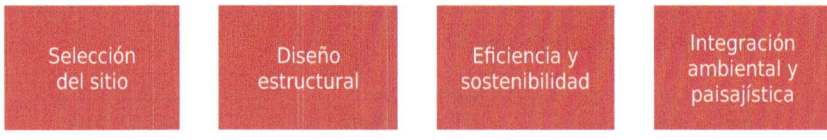

Independientemente del tipo de central, toda instalación hidroeléctrica debe abordar los siguientes aspectos estructurales:

| Selección del sitio | Diseño estructural | Eficiencia y sostenibilidad | Integración ambiental y paisajística |

El funcionamiento de una central hidroeléctrica depende de equipos y dispositivos diseñados para transformar eficientemente la energía potencial del agua en energía eléctrica. Estos componentes trabajan de forma coordinada para garantizar un proceso seguro y eficaz:

La instalación de una central hidroeléctrica implica una inversión significativa que abarca aspectos técnicos, económicos y sociales. Aunque ofrece beneficios a largo plazo, su desarrollo inicial conlleva costes importantes que deben ser cuidadosamente evaluados:

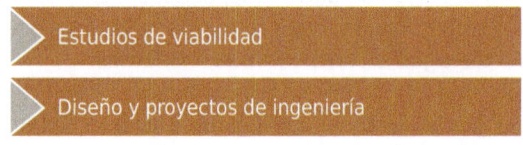

Continúa en página siguiente >>

<< Viene de página anterior

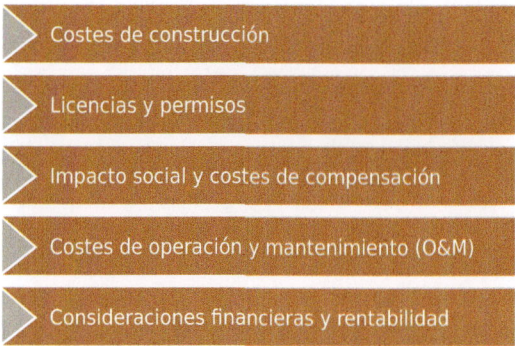

Costes de construcción

Licencias y permisos

Impacto social y costes de compensación

Costes de operación y mantenimiento (O&M)

Consideraciones financieras y rentabilidad

Ejercicios de autoevaluación
Unidad de Aprendizaje 5

1. ¿Qué tipo de energía se almacena en el embalse de una central hidroeléctrica?

    a. Energía térmica
    b. Energía química
    c. Energía solar
    d. Energía potencial

2. ¿Qué tipo de central hidroeléctrica opera sin almacenar agua de forma significativa?

    a. Central de bombeo
    b. Central de pasada
    c. Central de embalse
    d. Central solar

3. Completa la siguiente frase:

    a. La energía potencial del agua se transforma en energía cinética al pasar por las _____.

4. ¿Cuál es la principal ventaja de las centrales de bombeo?

    a. Menor coste de construcción
    b. Almacenamiento de energía y regulación de la red
    c. Funcionamiento ecológico sin embalse
    d. Instalación rápida y simple

5. Indica si la siguiente oración es verdadera o falsa: "Las escalas de peces son medidas de sostenibilidad para facilitar la migración acuática".

    ■ Verdadero
    ■ Falso

6. Indica si la siguiente oración es verdadera o falsa: "Las microturbinas eólicas en zonas urbanas funcionan con alta eficiencia".

■ Verdadero
■ Falso

7. Completa la siguiente frase:

a. El diseño estructural de una central debe cumplir normativas sísmicas, hidráulicas y de _____.

8. ¿Qué representa el mayor porcentaje del coste total de una central hidroeléctrica?

a. Estudios de viabilidad
b. Permisos y licencias
c. Costes de construcción
d. Costes de operación

9. ¿Cuál de los siguientes elementos protege las turbinas de residuos?

a. Rejilla filtradora
b. Conducto de admisión
c. Tubería forzada
d. Subestación eléctrica

10. Indica si la siguiente oración es verdadera o falsa: "Una central de pasada depende totalmente del caudal natural para producir energía".

■ Verdadero
■ Falso

Energías renovables

Contenido

Objetivos

El objetivo general de esta Unidad de Aprendizaje es:

→ Conocer la biomasa como fuente de energía renovable, así como la generación de empleo en el sector de las renovables.

Los objetivos específicos de esta Unidad de Aprendizaje son:

→ Comprender cómo se produce energía a partir de biomasa y biocombustibles.

→ Analizar el proceso de transformación de la biomasa en energía.

→ Analizar cómo las energías renovables generan nuevas oportunidades laborales.

1. Introducción

Las energías renovables se han consolidado como una solución fundamental ante los retos del cambio climático y la necesidad de un desarrollo sostenible. En este contexto, la biomasa se presenta como una alternativa destacada por su capacidad de transformar residuos orgánicos en biocombustibles, lo que permite reducir la dependencia de los combustibles fósiles. Este aprovechamiento de recursos naturales promueve una economía circular que disminuye la huella de carbono y mejora la eficiencia en el uso de materiales, tanto en procesos industriales como domésticos.

Además de sus beneficios ambientales, la transición hacia energías renovables tiene un impacto económico positivo, especialmente en la generación de empleo. La expansión de estas tecnologías fomenta la creación de puestos de trabajo en áreas como la investigación, la ingeniería, la manufactura y el mantenimiento de infraestructuras energéticas limpias. Esto no solo impulsa el crecimiento económico, sino que también promueve la formación de personal calificado en sectores estratégicos para el futuro energético global.

Un ejemplo concreto de estos beneficios es el desarrollo de biocombustibles a partir de biomasa local, lo cual permite a países dependientes del petróleo diversificar su matriz energética. Esta estrategia no solo reduce las emisiones de gases de efecto invernadero, sino que dinamiza sectores como la agricultura y la silvicultura, generando nuevas oportunidades laborales.

En esta unidad seguiremos con el caso de Macarena. Un último objetivo del proyecto europeo RENEWU es estudiar la biomasa y los biocombustibles. Además, deben analizar el empleo que generan las diferentes energías renovables estudiadas.

2. Biomasa

 **HILO CONDUCTOR**

Macarena le pide a su grupo de investigación un último esfuerzo en la parte final del proyecto RENEWU. Les indica que deben analizar y recopilar toda la información posible sobre la última fuente de energía renovable: la biomasa.

La biomasa se considera una fuente renovable porque proviene de procesos biológicos que ocurren de manera continua, como el crecimiento de plantas, la cría de animales o la descomposición de residuos orgánicos. Aprovechar la biomasa como recurso energético no solo permite reducir la dependencia de los combustibles fósiles, sino que también favorece una gestión más eficiente de los residuos, cierra ciclos productivos y contribuye a la sostenibilidad ambiental.

La biomasa se clasifica generalmente en dos grandes **categorías:**

Primaria	- Se obtiene directamente de fuentes naturales, como plantas o cultivos energéticos, sin haber sido transformada por procesos industriales.
Secundaria	- Proviene de residuos derivados de actividades agrícolas, forestales, ganaderas, industriales o urbanas.

Dentro de estas categorías se identifican varios **tipos de biomasa:**

Residuos agrícolas
- Estos residuos provienen directamente de actividades agrícolas y constituyen una fuente significativa de biomasa. Incluyen restos de cultivos como tallos, hojas, raíces, bagazo, cáscaras y rastrojos que quedan tras la cosecha. Ejemplos comunes son la cascarilla de arroz, los rastrojos de maíz o los residuos de caña de azúcar. Pueden utilizarse directamente en procesos de combustión para generar calor y electricidad o transformarse en biocombustibles como bioetanol o biodiésel. Además, su aprovechamiento ayuda a reducir residuos y emisiones, promoviendo una agricultura más sostenible.

Residuos forestales
- Provenientes de la tala, poda y gestión forestal, estos residuos incluyen ramas, hojas, corteza, aserrín y trozos de madera que no tienen valor comercial directo. Son subproductos generados tanto por la explotación forestal como por la industria maderera. La biomasa forestal tiene un alto contenido energético, especialmente la madera seca, y es utilizada tradicionalmente como fuente de calor.

Continúa en página siguiente >>

<< Viene de página anterior

Residuos animales
- Incluyen estiércol, excrementos, orina y restos de mataderos. Son generados por actividades ganaderas y agroindustriales. A través de procesos como la digestión anaeróbica, estos materiales se descomponen para liberar metano, lo cual da lugar al biogás. Este biogás puede emplearse para generar electricidad, calor o incluso como combustible vehicular. Además, el residuo del proceso (digestato) es rico en nutrientes, por lo que puede utilizarse como fertilizante orgánico en explotaciones agrícolas.

Cultivos energéticos
- Son plantas cultivadas específicamente para la producción de energía, no para consumo alimentario. Se eligen por su alta eficiencia en la conversión de energía solar en biomasa, su rápido crecimiento y su adaptabilidad a terrenos marginales. Entre los más utilizados están el miscanthus, el sorgo de biomasa, el switchgrass y variedades no comestibles de caña. Pueden transformarse en biocombustibles líquidos como bioetanol o sólidos como pellets. Además, su cultivo ayuda a secuestrar carbono y regenerar suelos degradados.

Residuos sólidos urbanos
- Se trata de la fracción orgánica de los desechos domésticos y comerciales, como restos de comida, papel, cartón y otros materiales biodegradables. Estos residuos pueden ser tratados mediante compostaje o digestión anaeróbica para generar biogás. Su aprovechamiento reduce la presión sobre los vertederos, disminuye emisiones de gases de efecto invernadero y produce energía renovable. También puede generar compost, que se utiliza en agricultura y jardinería.

Residuos industriales
- Provenientes de actividades industriales, especialmente en los sectores alimentario, maderero, papelero y aceitero. Incluyen aceites usados, pulpas, aserrín, virutas y restos orgánicos que pueden transformarse en combustibles o energía térmica.

Algas
- Son una fuente emergente y prometedora de biomasa. Pueden cultivarse en medios acuáticos, incluidos estanques o fotobiorreactores, y no compiten con cultivos alimentarios ni requieren tierras fértiles. Son especialmente valiosas por su alto contenido en lípidos, ideales para la producción de biodiésel. Además, tienen una gran eficiencia en la captura de CO_2 y pueden purificar aguas residuales, lo que las convierte en una fuente de biomasa con doble beneficio: energético y ambiental.

2.1. Ventajas e inconvenientes

La biomasa presenta las siguientes **ventajas**:

⊃ **Sostenibilidad:** es una fuente de energía renovable, ya que se regenera continuamente a través del ciclo natural de crecimiento vegetal. Con una gestión responsable, puede ser utilizada de forma indefinida.

⊃ **Neutralidad de carbono:** al liberar el dióxido de carbono que las plantas absorbieron durante su crecimiento, se considera que su impacto neto en las emisiones de CO_2 es neutro, a diferencia de los combustibles fósiles.

⊃ **Reducción de residuos:** aprovecha subproductos agrícolas, forestales, animales e incluso residuos urbanos, lo que contribuye a disminuir la cantidad de desechos y a mejorar la gestión ambiental.

⊃ **Impulso al desarrollo local:** fomenta el empleo y la economía rural mediante actividades como la recolección, el procesamiento y el transporte de biomasa, promoviendo el desarrollo sostenible en comunidades agrícolas y forestales.

⊃ **Diversificación y seguridad energética:** contribuye a reducir la dependencia de combustibles fósiles, fortaleciendo la autonomía energética de los países y aumentando la resiliencia del sistema energético.

Además de las ventajas expuestas, también presenta una serie de **inconvenientes**:

⊃ **Disponibilidad y almacenamiento estacional:** la producción de biomasa está sujeta a ciclos agrícolas y climáticos, lo que puede dificultar un suministro continuo. Además, su almacenamiento requiere espacio y condiciones adecuadas para evitar su degradación.

⊃ **Altos costes de transporte:** la biomasa suele tener baja densidad energética, lo que implica transportar grandes volúmenes desde las zonas de producción hasta las plantas de procesamiento, encareciendo el proceso y aumentando su huella de carbono.

⊃ **Baja eficiencia energética en algunos procesos:** algunas tecnologías de conversión de biomasa aún presentan rendimientos inferiores respecto a otras fuentes renovables como la solar o la eólica, lo que puede afectar su rentabilidad.

⊃ **Competencia por el uso del suelo:** el cultivo extensivo de plantas energéticas puede competir con la producción de alimentos o con áreas naturales, generando tensiones sociales y posibles impactos negativos sobre la biodiversidad y el uso del agua.

DEFINICIÓN

Biomasa
Es toda materia orgánica de origen vegetal, animal o microbiano que puede ser utilizada para producir energía.

2.2. Conversión

La biomasa, como recurso energético renovable, puede transformarse en energía útil a través de diversos procesos físicos, químicos y biológicos. Estos métodos permiten aprovechar la energía contenida en materiales orgánicos. A continuación, se describen los principales **procesos de conversión:**

Combustión directa	- Es el método más tradicional y sencillo. Consiste en la quema directa de biomasa para producir calor. Este calor puede emplearse directamente para calefacción o, mediante la generación de vapor, para accionar turbinas y producir electricidad. Si bien es eficiente, requiere sistemas de control para minimizar emisiones contaminantes.
Gasificación	- Proceso termoquímico que convierte la biomasa en gas de síntesis o syngas (una mezcla de monóxido de carbono, hidrógeno y metano) mediante la aplicación de calor en un entorno con poco oxígeno. El syngas puede ser utilizado para generar electricidad, calor, o como insumo para fabricar combustibles líquidos y productos químicos. Destaca por su eficiencia y por generar menos contaminantes que la combustión directa.
Pirólisis	- Consiste en calentar la biomasa en ausencia de oxígeno, produciendo tres subproductos: biocarbón (carbón vegetal), bioaceite y gases combustibles. Estos productos pueden emplearse directamente como combustibles o procesarse para generar energía eléctrica y térmica. La pirólisis es versátil y útil para materiales con alto contenido energético.

Continúa en página siguiente >>

<< Viene de página anterior

Digestión anaeróbica	- Proceso biológico donde microorganismos descomponen materia orgánica húmeda, como estiércol, en un ambiente sin oxígeno, generando biogás. El biogás puede utilizarse para producir electricidad, calor o combustible para vehículos. Además, el residuo sólido que queda es rico en nutrientes y se puede usar como fertilizante.
Fermentación	- Se utiliza para convertir biomasa rica en azúcares o almidones, como caña de azúcar, maíz o remolacha, en etanol mediante microorganismos. Este etanol se emplea como biocombustible en motores de combustión interna, especialmente en el sector del transporte. También existen tecnologías para producir butanol o biogás a partir de la fermentación de residuos celulósicos.

 ACTIVIDAD COMPLEMENTARIA

6. Busca información sobre los tipos de biomasa presentes en tu provincia y describe sus usos actuales o potenciales para la generación de energía.

3. Biocombustibles

 HILO CONDUCTOR

El grupo Energía Viva ha podido comprobar que, en los últimos años, los biocombustibles están siendo objeto de estudio por potentes grupos de investigación. Por ello, Macarena pide que se analice al máximo esta fuente de energía.

A diferencia del petróleo o el carbón, los biocombustibles pueden renovarse en ciclos relativamente cortos y, en muchos casos, permiten aprovechar residuos agrícolas o industriales. Además, se pueden integrar fácilmente en las infraestructuras energéticas existentes, como motores de combustión interna o redes eléctricas locales.

DEFINICIÓN

Biocombustibles
Son fuentes de energía renovable obtenidas a partir de materiales orgánicos, como cultivos vegetales, residuos agrícolas, estiércol, grasas animales o aceites reciclados.

- -

Los biocombustibles se clasifican, según la materia prima utilizada y el nivel de desarrollo tecnológico, en cuatro **generaciones:**

➲ **Biocombustibles de primera generación.** Se producen a partir de cultivos alimentarios ricos en azúcares, almidones o aceites vegetales:

  ◍ **Bioetanol:** es un alcohol producido por la fermentación de azúcares presentes en cultivos como la caña de azúcar, el maíz, el trigo o la remolacha. Se emplea como aditivo o sustituto de la gasolina.
  ◍ **Biodiésel:** se obtiene por transesterificación de aceites vegetales (soja, palma, colza) o grasas animales, usando metanol y catalizadores. Puede usarse puro (B100) o en mezclas con diésel fósil.
  ◍ **Biogás:** es una mezcla de metano y CO_2 producida por digestión anaeróbica de residuos orgánicos. Se utiliza para calefacción, generación de electricidad y, una vez purificado, como combustible vehicular.

➲ **Biocombustibles de segunda generación.** Provenientes de materias primas no alimentarias, como residuos agrícolas, residuos forestales y cultivos energéticos no comestibles:

  ◍ **Etanol celulósico y biodiésel lignocelulósico:** se producen a partir de materiales como paja de trigo, tallos de maíz, astillas de madera o pastos altos. Requieren procesos más avanzados, como la fermentación.

➲ **Biocombustibles de tercera generación.** Desarrollados a partir de algas y microorganismos acuáticos:

〇 **Biodiésel de microalgas:** las algas pueden producir grandes canti- dades de aceites aprovechables para fabricar biodiésel o bioetanol. Se cultivan en condiciones no agrícolas (agua salada, terrenos mar- ginales), lo cual reduce la competencia por recursos.

⮕ **Biocombustibles de cuarta generación.** Combinan biomasa con tec- nologías de captura y almacenamiento de carbono (CCS), creando bio- combustibles con balance negativo de carbono.

3.1. Usos

La producción de biocombustibles comprende diversas etapas y tecnolo- gías que varían según el tipo de biocombustible. A continuación, se deta- llan los **procesos** más comunes, así como sus diferentes **usos:**

⮕ **Producción y uso de bioetanol.** El bioetanol se obtiene a partir de cul- tivos ricos en azúcares y almidones como el maíz, la caña de azúcar, la remolacha y el trigo. El proceso de producción involucra tres etapas principales:

〇 **Fermentación:** es la etapa inicial, donde los azúcares simples son convertidos en etanol mediante la acción de microorganismos, principalmente levaduras como *Saccharomyces cerevisiae*. En un ambiente sin oxígeno, estos organismos transforman la glucosa en etanol y CO_2.

〇 **Destilación:** tras la fermentación, la mezcla resultante se somete a un proceso de destilación para separar el etanol del agua y otras sustan- cias, aprovechando las diferencias en los puntos de ebullición.

〇 **Deshidratación:** el etanol obtenido aún contiene agua, por lo que se realiza una deshidratación adicional mediante tamices moleculares o destilación azeotrópica, con el fin de alcanzar una concentración adecuada (mayor al 99 %) para su uso como combustible.

El bioetanol se emplea principalmente como aditivo en la gasolina; me- jora su índice de octano y promueve una combustión más limpia. Las mezclas como E10 (10 % de etanol) o E85 (85 % de etanol) son comunes en varios países. Tiene las siguientes **ventajas:**

〇 Menor emisión de CO, benceno y compuestos sulfurados.

〇 Reducción del CO_2 neto debido al ciclo cerrado de carbono de los cultivos.

⊃ **Producción y uso de biodiesel.** Se produce a partir de aceites vegetales, grasas animales o aceites usados de cocina, mediante un proceso químico llamado transesterificación:

◑ **Transesterificación:** consiste en hacer reaccionar los triglicéridos (aceites y grasas) con un alcohol (generalmente metanol) en presencia de un catalizador alcalino (hidróxido de sodio o potasio). El resultado es una mezcla de ésteres de ácidos grasos (biodiésel) y glicerol como subproducto.
◑ **Purificación:** el biodiésel bruto se purifica para eliminar restos de alcohol, glicerina, catalizadores y otras impurezas, asegurando así un combustible de calidad apto para motores diésel.

El biodiésel puede utilizarse puro (B100) o en mezclas con diésel fósil (como B20 o B5), sin necesidad de modificar los motores diésel convencionales. Tiene las siguientes **ventajas:**

◑ Reducción de emisiones de partículas finas, óxidos de azufre y CO_2
◑ Las plantas usadas como materia prima capturan CO_2 durante su crecimiento.

⊃ **Producción y uso de biogás.** Se genera mediante la digestión anaeróbica, un proceso biológico en ausencia de oxígeno, en el cual microorganismos descomponen materia orgánica como estiércol, residuos agrícolas, aguas residuales o residuos sólidos urbanos:

◑ **Digestión anaeróbica:** se lleva a cabo en digestores y ocurre en cuatro fases: hidrólisis, acidogénesis, acetogénesis y metanogénesis. Cada etapa transforma la materia orgánica hasta formar principalmente metano y dióxido de carbono.
◑ **Recogida y uso del biogás:** el biogás producido se recoge para generar calor y electricidad en sistemas de cogeneración o puede purificarse para obtener biometano, utilizable como sustituto del gas natural, incluso como combustible vehicular.

El biogás es especialmente útil en zonas rurales o industrias que generan grandes cantidades de residuos orgánicos. Su uso se extiende a cogeneración, transporte y gestión de residuos.

3.2. Sectores

El uso de biocombustibles en aplicaciones industriales es extenso y continúa expandiéndose a medida que se descubren y desarrollan tecnologías innovadoras. Estos biocombustibles pueden ser empleados en diversos **sectores** como:

➲ **Transporte.** El sector del transporte representa uno de los principales destinos de los biocombustibles, especialmente el bioetanol y el biodiésel. Estos se utilizan comúnmente en mezclas con gasolina y diésel fósil para cumplir con normativas ambientales más estrictas que buscan reducir la huella de carbono del parque automotor:

  ◑ **Bioetanol en gasolina:** usado en mezclas como E10, E15 o E85, mejora la combustión y reduce emisiones contaminantes.
  ◑ **Biodiésel en diésel convencional:** aplicado en proporciones como B5, B20 o B100, permite el funcionamiento de motores diésel sin modificaciones significativas.
  ◑ **Biogás:** tras su purificación, el biogás puede emplearse como combustible vehicular, especialmente en flotas urbanas o transporte público, donde su uso contribuye a mejorar la calidad del aire.

➲ **Generación de energía.** Los biocombustibles también se emplean como insumo energético para la generación de electricidad y calor. Este uso es especialmente relevante en entornos rurales, industrias descentralizadas y zonas no interconectadas a la red eléctrica principal:

  ◑ **Biogás en cogeneración:** es utilizado en sistemas de cogeneración para producir simultáneamente electricidad y calor útil. Esta aplicación mejora la eficiencia energética total del proceso.
  ◑ **Biodiésel en generadores:** puede emplearse en generadores diésel modificados o adaptados, ofreciendo una alternativa más limpia para la generación de energía en zonas remotas o en situaciones de emergencia.
  ◑ **Residuos como insumo energético:** la valorización energética de residuos agrícolas, forestales y urbanos convierte a los biocombustibles en una herramienta clave para la economía circular y la reducción del impacto ambiental de los residuos orgánicos.

➲ **Industria química.** Un aspecto menos visible pero muy importante de los biocombustibles es su rol como plataforma para el desarrollo de productos químicos sostenibles, impulsando así la bioeconomía:

  ◑ **Glicerol (glicerina):** subproducto de la producción de biodiésel, es un compuesto químico versátil utilizado en múltiples industrias. A partir del glicerol se producen:

    ⇕ Glicoles y solventes industriales
    ⇕ Ingredientes farmacéuticos y cosméticos

⇕ Plásticos biodegradables y resinas
⇕ Aditivos alimentarios y productos de limpieza

 **APLICACIÓN PRÁCTICA**

Natalia está investigando acerca de la producción de bioetanol para la publicación de un nuevo artículo para su tesis. Quiere saber cuál es la concentración adecuada de etanol para su uso como combustible. ¿Podrías ayudarla?

Solución

La concentración adecuada es del 99%. El etanol obtenido aún contiene agua, por lo que se realiza una deshidratación adicional mediante tamices moleculares o destilación azeotrópica, con el fin de alcanzar una concentración adecuada (mayor al 99 %) para su uso como combustible.

----

4. Energías renovables y empleo

 **HILO CONDUCTOR**

Como parte final del proyecto europeo RENEWU, hay que analizar la actualidad de la creación de empleo gracias a las energías renovables. Para ello, Macarena indica a su grupo que se debe analizar la situación actual del empleo según la energía renovable, la formación necesaria y la igualdad de género en este sector.

En las últimas décadas, la urgente necesidad de mitigar el cambio climático y reducir la dependencia de los combustibles fósiles ha llevado a un impulso global hacia las energías renovables. Este proceso no solo tiene implicancias ambientales, sino también profundas repercusiones sociales y económicas. Entre ellas, destaca la generación de empleo sostenible y el surgimiento de nuevas oportunidades profesionales en un sector en constante crecimiento. La transición energética exige también una transformación en el perfil de los trabajadores y en los sistemas de formación y capacitación.

A medida que los países adoptan políticas de descarbonización y apuestan por modelos energéticos sostenibles, surgen nuevas oportunidades laborales en distintas áreas, como instalación, operación, mantenimiento, manufactura, innovación, etc. Estos empleos, a diferencia de los tradicionales, tienden a ser más distribuidos geográficamente, más estables en el tiempo y con mayor vínculo con la economía local. A continuación, se detallan los principales **subsectores** que impulsan este crecimiento:

- **Energía solar.** La energía solar fotovoltaica es uno de los sectores más dinámicos y prometedores en cuanto a generación de empleo. Su cadena de valor abarca desde la minería de materiales hasta la investigación, el diseño, la manufactura de paneles solares, la instalación, el mantenimiento y la operación de los sistemas. Esta variedad genera empleos tanto altamente especializados (ingenieros, investigadores) como técnicos (electricistas, instaladores) y operarios generales. A su vez, muchas plantas industriales automatizadas requieren personal capacitado en tecnologías avanzadas de producción.

- **Energía eólica.** El desarrollo eólico ha mostrado un crecimiento sostenido y una notable capacidad de generación de empleo. Este subsector demanda perfiles técnicos (ingenieros mecánicos, eléctricos, técnicos de mantenimiento) y personal de operación. La instalación de aerogeneradores requiere planificación, transporte especializado y ensamblaje, y se apoya también en herramientas digitales para el monitoreo y análisis de datos. Países como España y Alemania han sido pioneros en este campo, ofreciendo programas de formación altamente especializados.

- **Energía hidráulica.** Aunque se trata de una fuente más tradicional, la energía hidroeléctrica sigue representando una fuente importante de empleo, sobre todo en regiones con recursos hídricos abundantes. La construcción de plantas hidroeléctricas involucra ingenieros civiles, arquitectos y operarios de obra. Posteriormente, la operación y el mantenimiento garantizan empleos estables a largo plazo. Además, el desarrollo de micro y minicentrales hidroeléctricas ha reforzado la dimensión local de esta fuente energética.

- **Bioenergía.** El sector de la bioenergía abre oportunidades laborales tanto en el ámbito rural como industrial. La recolección de residuos agrícolas, forestales y urbanos constituye la base del suministro de materia prima. A esto se suman procesos de conversión energética, que requieren técnicos en bioprocesos, ingenieros en sostenibilidad y trabajadores en plantas de biogás o biodiésel. Este tipo de energía es especialmente relevante para la revitalización de zonas rurales.

- **Energía geotérmica.** Aunque menos extendida, la energía geotérmica también ofrece empleos, especialmente en regiones con actividad volcánica o termal. La perforación y exploración geotérmica requiere técnicos especializados, así como ingenieros en procesos térmicos y gestores de proyectos energéticos. Islandia es uno de los ejemplos más avanzados en esta tecnología.

 ⮩ **Innovación y educación.** La innovación tecnológica en energías renovables impulsa el crecimiento del empleo en áreas como investigación, desarrollo de software, inteligencia artificial y análisis de datos. También se crean puestos en campañas de sensibilización, comunicación ambiental y educación sobre sostenibilidad.

4.1. Formación

El crecimiento del empleo en energías renovables no puede sostenerse sin una formación profesional adecuada. El avance tecnológico, la evolución regulatoria y la integración de nuevas herramientas digitales exigen trabajadores con habilidades técnicas actualizadas. Por tanto, es necesario lo siguiente:

 ⮩ **La necesidad de formación especializada.** La transformación del sistema energético exige una renovación profunda en la formación del capital humano. No basta con conocimientos generales: se necesitan programas educativos específicos en solar fotovoltaica, eólica, biomasa, biogás, geotermia y otras tecnologías emergentes. Esto ha llevado a la creación de grados universitarios, posgrados, certificaciones técnicas y formación continua adaptada a las necesidades del mercado.
 ⮩ **Competencias clave.** Los perfiles demandados requieren:

  ◊ Conocimientos técnicos avanzados, como cálculo de sistemas solares, aerodinámica, procesos de biomasa, etc.
  ◊ Gestión de proyectos energéticos, habilidades de liderazgo, trabajo multidisciplinario y coordinación.
  ◊ Comprensión normativa, fundamental para ejecutar proyectos conforme a la legislación nacional e internacional.
  ◊ Habilidades en sostenibilidad y medioambiente, como evaluación de impactos y uso racional de recursos.
  ◊ Competencias digitales, debido al papel clave del monitoreo remoto, la inteligencia de datos y la automatización.

 ⮩ **Programa y colaboraciones internacionales.** Organizaciones como IRENA fomentan alianzas educativas globales y el desarrollo de estándares internacionales. Además, programas de becas y movilidad promueven la formación en diversas realidades tecnológicas y culturales, lo cual enriquece la experiencia profesional.

● **Formación continua y desarrollo profesional.** Dado el ritmo vertiginoso de la innovación, la formación debe ser continua. Las empresas han adoptado programas internos de capacitación y desarrollo profesional, garantizando así la retención de talento y la actualización de sus empleados. El aprendizaje a lo largo de la vida se convierte en un pilar esencial.

● **Habilidades transversales.** Además del conocimiento técnico, se valoran habilidades blandas como la comunicación, el trabajo en equipo, la resolución de conflictos y el liderazgo. Estas competencias son fundamentales en entornos de trabajo colaborativos, multiculturales y en constante transformación.

Es necesaria una adecuada formación en energías renovables.

La implementación de proyectos de energías renovables tiene efectos transformadores en las comunidades locales, especialmente en aquellas ubicadas en zonas rurales o con limitadas oportunidades económicas. Este impacto se manifiesta en varios **niveles:**

Generación de empleo directo e indirecto
- La construcción, operación y mantenimiento de infraestructuras renovables requiere mano de obra local, promoviendo la empleabilidad en regiones donde tradicionalmente escaseaban las oportunidades.

Dinamización de la economía local
- La llegada de nuevos proyectos suele generar un efecto multiplicador. Se activan sectores como el transporte, la hostelería, el comercio y los servicios auxiliares.

Continúa en página siguiente >>

<< Viene de página anterior

Inversión en infraestructuras
- Muchas veces, los desarrollos renovables van acompañados de mejoras en caminos, redes eléctricas, conectividad digital, educación y salud, lo que eleva el nivel de vida general de la población.

Fomento de la participación comunitaria
- Cuando los proyectos incorporan mecanismos de gobernanza participativa se refuerza el sentimiento de pertenencia y se evita el rechazo social.

Soberanía energética local
- En muchos casos, las energías renovables permiten a las comunidades reducir su dependencia de fuentes externas o costosas, promoviendo un modelo más autónomo, justo y ecológico.

La transición energética ofrece una oportunidad única para redefinir las dinámicas del mercado laboral desde una perspectiva de equidad. No obstante, los datos muestran que la participación de ciertos colectivos, como mujeres, jóvenes o personas en situación de vulnerabilidad, aún es baja en muchos subsectores de las energías renovables:

➲ **Brechas de género:**

◡ Las mujeres representan menos del 32 % del empleo en el sector renovable, según datos de IRENA. Esta cifra, aunque superior a la de la industria energética tradicional, sigue reflejando una infrarrepresentación, especialmente en cargos técnicos y de liderazgo.

◡ Las causas incluyen estereotipos de género, falta de referentes femeninos, barreras educativas y condiciones laborales poco adaptadas.

➲ **Inclusión de jóvenes y trabajadores desplazados:**

◡ Muchos jóvenes carecen de acceso a formación técnica o información sobre oportunidades en el sector, especialmente en zonas desfavorecidas.

◡ La transición justa también implica reconvertir la mano de obra proveniente de sectores en declive.

➲ **Propuestas de inclusión:**

◡ Políticas de igualdad de oportunidades y cuotas de participación en programas de formación.

◔ Mentorías y redes de apoyo para mujeres en ciencia y tecnología.
◔ Proyectos comunitarios inclusivos, donde las comunidades locales sean beneficiarias directas de los beneficios económicos.
◔ Fomento de la diversidad étnica y cultural, promoviendo la participación de pueblos indígenas y comunidades tradicionales en proyectos respetuosos con su cosmovisión.

 TAREA 6

Macarena quiere diseñar un programa formativo que impulse el empleo verde entre jóvenes y mujeres en zonas rurales. Debes ayudarla proponiendo una estrategia de formación para impulsar su participación en el sector de las renovables. Deberás incluir:

- Dos ideas de cursos o talleres prácticos (nombre y contenido básico).
- ¿Qué sectores o tecnologías energéticas serían el foco del programa?
- Una breve reflexión sobre por qué es importante promover la equidad en el empleo verde.

5. Resumen

La biomasa es una fuente de energía renovable que proviene de procesos biológicos continuos, como el crecimiento vegetal, la actividad animal y la descomposición de residuos orgánicos. Su uso energético ayuda a disminuir la dependencia de combustibles fósiles, mejora la gestión de residuos y promueve la sostenibilidad. Se clasifica en biomasa primaria y secundaria, y abarca distintos tipos según su origen:

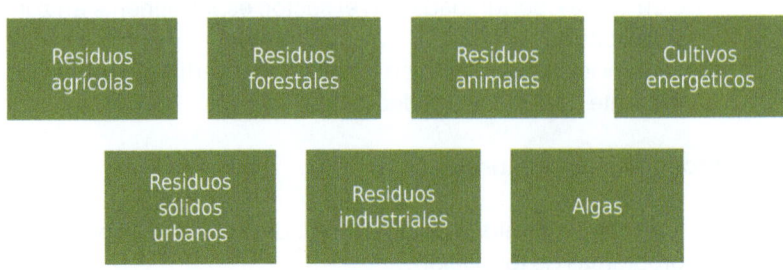

La biomasa es un recurso energético renovable que puede convertirse en energía útil mediante procesos físicos, químicos y biológicos. Estas transformaciones permiten extraer y aprovechar la energía almacenada en materiales orgánicos a través de diferentes métodos de conversión:

Los biocombustibles son renovables a corto plazo y permiten reutilizar residuos agrícolas e industriales. Su gran ventaja es que pueden integrarse fácilmente en infraestructuras energéticas ya existentes, como motores y redes eléctricas.

Los biocombustibles se clasifican, según la materia prima utilizada y el nivel de desarrollo tecnológico, en:

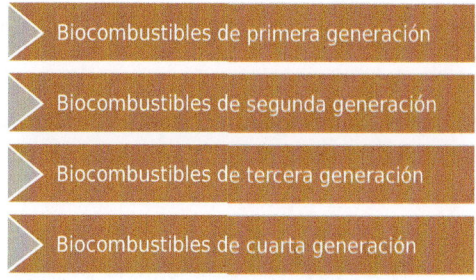

La producción de biocombustibles incluye varias etapas y tecnologías, que dependen del tipo de biocombustible. Estos procesos permiten obtener productos como bioetanol, biodiésel o biogás:

Producción y uso de bioetanol	Producción y uso de biodiésel	Producción y uso de biogás

El uso industrial de los biocombustibles es amplio y sigue creciendo con el avance tecnológico. Se aplican en sectores clave como:

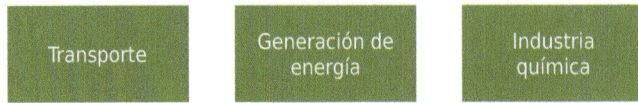

La transición hacia energías renovables, impulsada por la necesidad de frenar el cambio climático y reducir el uso de combustibles fósiles, no solo genera beneficios ambientales, sino también importantes impactos sociales y económicos. Entre ellos destaca la creación de empleo sostenible y la aparición de nuevos perfiles profesionales. Estos trabajos están asociados a sectores como:

La implementación de energías renovables transforma positivamente las comunidades locales, especialmente en zonas rurales, al generar empleo, dinamizar la economía y mejorar el acceso a servicios básicos:

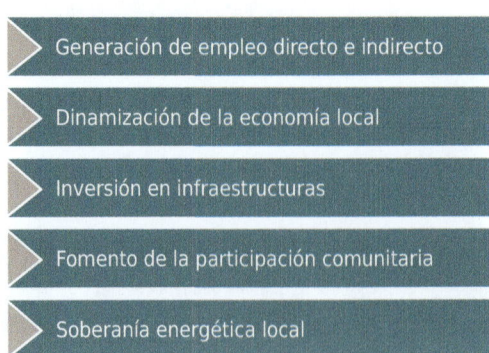

La transición energética permite avanzar hacia un mercado laboral más equitativo, pero persisten desigualdades en la participación de mujeres, jóvenes y grupos vulnerables en el sector renovable:

Brechas de género	Inclusión de jóvenes y trabajadores desplazados	Propuestas de inclusión

Ejercicios de autoevaluación
Unidad de Aprendizaje 6

1. ¿Qué tipo de biomasa se obtiene directamente de plantas sin procesamiento industrial?

   a. Biomasa secundaria
   b. Residuos animales
   c. Biomasa primaria
   d. Cultivos energéticos

2. ¿Qué proceso convierte la biomasa en gas de síntesis *(syngas)*?

   a. Fermentación
   b. Gasificación
   c. Digestión anaeróbica
   d. Transesterificación

3. ¿Qué sector usa el bioetanol como aditivo para gasolina?

   a. Agricultura
   b. Transporte
   c. Industria farmacéutica
   d. Producción de plásticos

4. Indica si la siguiente oración es verdadera o falsa: "La pirólisis necesita oxígeno para funcionar correctamente".

   ■ Verdadero
   ■ Falso

5. Completa la siguiente frase:

   a. El bioetanol se obtiene a partir de la fermentación de cultivos ricos en _____.

6. **Indica si la siguiente oración es verdadera o falsa: "El biodiésel puede utilizarse en motores diésel sin necesidad de modificaciones".**

   ■ Verdadero
   ■ Falso

7. **¿Cuál es un inconveniente del uso de biomasa?**

   a. Alta eficiencia energética
   b. Bajo coste de transporte
   c. Generación continua y estable
   d. Competencia por el uso del suelo

8. **¿Qué tipo de residuos se incluyen como biomasa industrial?**

   a. Pulpa de frutas y aceites usados
   b. Aguas residuales
   c. *Miscanthus*
   d. Papel higiénico

9. **¿Qué residuo se puede usar para producir biogás mediante digestión anaeróbica?**

   a. Cáscaras de arroz
   b. Estiércol
   c. Papel reciclado
   d. *Miscanthus*

10. **Completa la siguiente frase:**

    a. Una de las ventajas de la biomasa es su _____ de carbono, ya que libera el CO_2 absorbido por las plantas.

Glosario

Aerogenerador
Máquina que transforma la energía cinética del viento en energía eléctrica.

Ahorro energético
Reducción del consumo de energía mediante un uso eficiente y responsable.

Autoconsumo
Producción y uso de energía por parte del mismo usuario, especialmente mediante paneles solares.

Baterías
Sistemas de almacenamiento de energía eléctrica para su uso posterior.

Biocombustibles
Combustibles obtenidos a partir de biomasa, como el bioetanol o el biodiésel.

Biomasa
Materia orgánica de origen vegetal o animal que puede usarse como fuente de energía.

Brecha de género
Desigualdad entre mujeres y hombres en ámbitos como el acceso al empleo, salario o formación.

Cambio climático
Alteración del clima global debido principalmente a la actividad humana y las emisiones de gases de efecto invernadero.

Combustibles fósiles
Recursos energéticos no renovables formados por restos orgánicos, como el petróleo, el carbón y el gas natural.

Consumo energético global
Cantidad total de energía que utilizan los seres humanos en todo el mundo para sus actividades.

Costes
Conjunto de gastos necesarios para la producción, instalación, mantenimiento o uso de una fuente de energía.

Crisis climática
Situación crítica provocada por el aumento de gases de efecto invernadero, que acelera el cambio climático y sus consecuencias.

Desarrollo sostenible
Modelo de crecimiento que satisface las necesidades del presente sin comprometer los recursos del futuro.

Efecto invernadero
Fenómeno natural por el cual ciertos gases retienen el calor en la atmósfera, manteniendo la temperatura de la Tierra.

Eficiencia
Relación entre la cantidad de energía útil obtenida y la energía utilizada para generarla.

Energía cinética
Energía que posee un cuerpo en movimiento.

Energía eólica
Energía que se obtiene del viento mediante aerogeneradores.

Energía hidráulica
Energía obtenida del agua en movimiento, como ríos o saltos de agua.

Energía mecánica
Suma de la energía cinética y la energía potencial de un objeto.

Energía solar
Energía que proviene del sol y puede transformarse en térmica o eléctrica.

Energía solar fotovoltaica
Tecnología que convierte directamente la radiación solar en electricidad mediante células solares.

Energías renovables
Fuentes de energía que se obtienen de recursos naturales inagotables o que se regeneran en corto tiempo, como el sol, el viento, el agua o la biomasa.

Empleo verde
Trabajo que contribuye a preservar o restaurar el medioambiente, como los relacionados con energías renovables o gestión sostenible.

Embalse
Gran depósito de agua creado por la construcción de una presa, usado en generación hidroeléctrica y riego.

Fluido caloportador
Sustancia líquida o gaseosa que transporta el calor en un sistema térmico, como en la energía solar térmica.

Gases de efecto invernadero (GEI)
Gases que atrapan el calor en la atmósfera y provocan el calentamiento global, como el CO_2, el CH_2 y el N_2O.

Impacto ambiental
Efecto que una actividad humana tiene sobre el medioambiente.

Impacto social
Consecuencias que una acción, proyecto o política tiene sobre las personas y sus comunidades.

Instalación eléctrica
Conjunto de equipos y cables que permiten el suministro y uso de energía eléctrica en un lugar.

Inversor
Dispositivo que convierte la corriente continua generada por paneles solares en corriente alterna para uso doméstico o industrial.

Medida de mitigación
Acción destinada a reducir o prevenir los efectos del cambio climático.

Medioambiente
Conjunto de elementos naturales, sociales y culturales que rodean a los seres vivos y que influyen en su vida.

Microbiano
Relativo a los microorganismos, que pueden intervenir en procesos de producción energética (como la digestión anaerobia para producir biogás).

Modelo energético

Estructura que define cómo se produce, distribuye y consume la energía en una sociedad o país.

Panel solar

Dispositivo que capta la energía del sol y la convierte en calor (térmico) o electricidad (fotovoltaico).

Políticas de descarbonización

Medidas adoptadas por gobiernos y organizaciones para reducir las emisiones de carbono y luchar contra el cambio climático.

Presa

Estructura que retiene el agua de un río para formar un embalse o regular su caudal.

Radiación electromagnética

Forma de energía que se propaga en forma de ondas, como la luz solar o las microondas.

Redes eléctricas inteligentes *(smart grids)*

Infraestructuras eléctricas que usan tecnología digital para gestionar de forma eficiente la producción y el consumo de energía.

Residuos

Materiales desechados tras su uso que pueden tener un impacto ambiental si no se gestionan adecuadamente.

Sostenibilidad

Capacidad de mantener en el tiempo un equilibrio entre crecimiento económico, cuidado ambiental y bienestar social.

Tecnología energética

Conjunto de técnicas, equipos y sistemas para transformar, transportar o almacenar energía.

Temperatura media global

Valor promedio de la temperatura terrestre, usado como indicador del cambio climático.

Transición ecológica

Transformación profunda hacia un modelo económico y social más respetuoso con el medioambiente y los recursos naturales.

Transición energética

Proceso de cambio del modelo actual basado en combustibles fósiles hacia uno más sostenible, centrado en energías renovables y eficiencia energética.

Bibliografía

Monografías

→ CASTILLO, I. C., CENZANO, J. M., ESTEIRE, E., MADRID Vicente, A.: *Ciencia y tecnología de la energía solar, hidráulica, eólica, geotérmica, biomasa y fusión nuclear.* Madrid: AMW, 2020.

> Este libro es un compendio actualizado sobre diversas fuentes de energía renovable tales como la energía solar, hidráulica, eólica, geotérmica y biomasa, con un enfoque técnico y práctico. Aborda los fundamentos científicos, las tecnologías asociadas, los componentes de las instalaciones y aplicaciones prácticas.

→ CENZENO, J. M., CASTILLO, I. C., MADRID Vicente, A.: *Energía hidráulica y undimotriz: manual técnico.* Madrid: AMV, 2020.

> Este manual aborda de una forma técnica y práctica el estudio de la energía hidráulica y undimotriz como fuente energética limpia.

→ COLLADOS Rivero, A.: *Estudio y viabilidad de una instalación fotovoltaica en una vivienda mediante el uso de un contador reversible.* Córdoba: Universidad de Córdoba, 2016.

> En este trabajo se comentan diferentes componentes de una instalación solar fotovoltaica conectada a red. Se comenta el *mix* energético en España y se realiza un estudio de viabilidad.

→ GIL García, I. C.: *Energía eólica.* Madrid: Centro de Estudios Financieros, 2022.

> Este libro aborda la energía eólica como una fuente renovable clave en la transición energética. Ofrece un enfoque técnico y práctico, dirigido a estudiantes, profesionales y personas interesadas en el sector eólico.

→ NÚÑEZ Sarompas, A.: *Manual de biomasa y biocombustible: uso y aprovechamiento energético.* Madrid: Centro de Estudios Financieros, 2021.

> Este manual aborda los diferentes tipos de biomasas existentes y tecnologías aplicables. Se enfoca en la producción de energía renovable. Además, se centra en la producción de biocombustibles y sus aplicaciones.

→ SÁNCHEZ Jiménez, J. L.: *Energía solar térmica y termoeléctrica. ENAE008PO.* Antequera (Málaga): IC Editorial, 2024.

> En este libro se explican, de una manera teórica, tanto la energía solar térmica como la energía solar termoeléctrica. Además, se plantean diferentes ejemplos y casos prácticos relacionados con estos tipos de energía solar.

→ SÁNCHEZ Jiménez, J. L.: *Estudio de viabilidad y dimensionamiento de una instalación fotovoltaica en una casa rural en Córdoba.* Córdoba: Universidad de Córdoba, 2016.

> Este trabajo habla sobre los diferentes componentes de una instalación solar fotovoltaica, la mayoría similares a los de una instalación solar térmica. Además, ofrece un caso práctico de dimensionamiento de una pequeña instalación.

→ SÁNCHEZ Jiménez, J. L.: *Técnicas de mantenimiento y operación (M&O) avanzadas (I). Instalaciones fotovoltaicas aisladas.* Córdoba: Universidad de Córdoba, 2017.

> Este trabajo es la continuación de la monografía *Estudio de viabilidad y dimensionamiento de una instalación fotovoltaica en una casa rural en Córdoba.* Ofrece un caso práctico de monitorización en tiempo real de una instalación.

Textos electrónicos

→ Agenda 2030, de:
<https://www.un.org/sustainabledevelopment/es/2015/09/la-asamblea-general-adopta-la-agenda-2030-para-el-desarrollo-sostenible/>.

> Recurso didáctico con información sobre la Agenda 2030 publicado por el Ministerio de Derechos Sociales de España.

→ Datos de velocidad global, de: <https://globalwindatlas.info/en/>.

> Recurso para obtener datos de velocidad de cualquier zona del mundo.

→ Proyecto Gemasolar, de: <https://www.group.sener/proyecto/gemasolar/>.

> Información sobre la central termosolar Gemasolar de 19,9 MWe situada en Fuentes de Andalucía (Sevilla, España).